Magdeburg
Brandenburg

Das Potsdamer Stadtschloß, das Meisterwerk Wenzel von Knobelsdorffs, überdauerte den Krieg nur als ausgebrannte Ruine. Aber der Baukörper als solcher war fast vollkommen vorhanden und wäre leichter wiederherzustellen gewesen als das Schloß Charlottenburg.

Berlins Schloß, an dem ein halbes Jahrtausend gebaut hatte, war zu großen Teilen eine Ruine, als die Waffen schwiegen. Aber einige Flügel waren so gut erhalten, daß schon 1946 eine Ausstellung französischer Impressionisten im Schloß eröffnet wurde – wie als Verheißung, daß es wieder die Mitte der Metropole werden würde. Fünf Jahre nach dem Krieg ordnete Ulbricht seine Sprengung an.

Wolf Jobst Siedler

Abschied von Preußen

im Siedler Verlag

Ich gehe durch die neuen Strassen unserer Städte und denke wie von allen diesen greulichen Häusern, welche das Geschlecht der öffentlich Meinenden sich erbaut hat, in einem Jahrhundert nichts mehr steht, und wie dann auch wohl die Meinungen dieser Häuserbauer umgefallen sein werden. Wie hoffnungsvoll dürfen dagegen all die sein, welche sich nicht als Bürger dieser Zeit fühlen...

Friedrich Nietzsche, »Schopenhauer als Erzieher«, 1874

Ich zahle 25 fr. mit Bedienung, besorge mir meinen Thee und alle Einkäufe selbst, leide an zerrissenen Stiefeln und danke dem Himmel jeden Augenblick für die *alte* Welt, für die die Menschen nicht einfach und still genug gewesen sind.

Friedrich Nietzsche, Brief aus Turin vom 6. Januar 1889

Inhalt

Vorwort

Die Wiedergewinnung Deutschlands hat die Karte Europas verändert. Das Land, gegen das sich gestern die halbe Welt zusammenschloß, hat die Bühne der Geschichte wieder betreten. Kein Zweifel, daß es nach den Schwierigkeiten des Übergangs, mag dieser auch eher Jahrzehnte als Jahre dauern, wieder die Mitte des Kontinents sein wird. Schon das amputierte und geteilte Deutschland war in seiner westlichen Hälfte die stärkste Wirtschaftsmacht Westeuropas: Der osteuropäische Block aber zählte nur deshalb, weil wenigstens ein Teil des untergegangenen Deutschen Reiches ihm angehörte.

Kann es überraschen, daß die Neuschaffung Deutschlands Europa erschreckt, das seine Wiedervereinigung ja nur hingenommen hatte? Als die Mitte des Kontinents neu geordnet wurde, erwiesen sich allein Amerika und Rußland, die Flügelmächte, als Partner der Deutschen; Frankreich wie England gaben sich über ihre Nebenrolle wenig Illusionen hin, und nicht zuletzt das machte ihre Irritation aus. Es kann daher nicht Wunder nehmen, daß das Drängen zur Vollendung des europäischen Zusammenschlusses heute von Frankreich ausgeht, das seinen Nachbarn durch Einbindung in die europäische Gemeinschaft zu zähmen sucht.

Auch Moskau sieht das neue Europa, das es immer mit Mißtrauen betrachtet hat, jetzt nicht ohne Hoffnung und will dem größeren Block selber angehören. Seine eigenen Allianzen sind zerfallen, die militärischen wie die wirtschaftlichen gehören der Vergangenheit an, und die Sowjetunion drängt auf Mitgliedschaft in den Koalitionen, die einst gegen sie gegründet worden sind. Binnen eines einzigen Jahres haben die Dinge Europas sich in ihr Gegenteil verkehrt.

Doch das wiederhergestellte Land in der Mitte Europas wird nicht mehr das alte Deutschland sein. Es ist noch immer ein dynamisches Land, aber es ist ein kleines Land geworden, nicht nur wenn man die letzte Erscheinungsform der deutschen Großmacht im Auge hat, sondern auch wenn man an jene beiden Imperien denkt, die ihm vorausgingen. Zerfallen der habsburgische Vielvölkerstaat, der von der Adria bis nach Galizien reichte und in Lemberg seine polnisch-russische Metropole hatte. Auch vom alten Deutschen Reich ist wenig geblieben; Westpreußen und Posen gingen im Ersten Weltkrieg verloren, Ostpreußen, der östliche Teil Brandenburgs, Pommern und Schlesien sind dem Großreichsverlangen des Dritten Reiches zum Opfer gefallen. Nur Träumer sehnen dieses Deutschland zurück.

Aber nicht nur der Traum geschichtsfremder Abenteurer ist zerbrochen, sondern auch die gestern noch vorhandene Wirklichkeit Preußens, des jüngsten und kurzlebigsten Gebildes der europäischen Staatenordnung. Manche erhofften, als die Wiedervereinigung kam, seine Wiedergeburt, denn mit diesem Preußen waren nicht nur geographische Territorien, sondern auch geistige Provinzen verbunden, Kant wie Kleist und Schadow. Andere befürchteten seine Wiederkehr, denn neben Glanz ging auch Beunruhigung von diesem Preußen aus.

Doch Sorge wie Hoffnung beziehen sich auf Illusionen. Das Land im Osten ist endgültig verloren, und seine Rückgewinnung setzte eine neue Vertreibung von Millionen voraus. Auch das jetzt entstandene Gesamtdeutschland geht schon an die Grenzen dessen, was Europa zuzumuten ist. Es war ja immer die Belastung Deutschlands, daß es zu groß war, um sich dem Kontinent einzufügen, und zu klein, um gelassen seine prägende Mitte zu sein.

Vielleicht ist Preußen die Summe, die Deutschland zahlen mußte, um Europa zu versöhnen. Dann wäre der Abschied von Preußen ein hoher Preis für einen endlich gewonnenen Ausgleich. Aber ein beruhigtes Deutschland und ein besänftigtes Europa wären es wert, daß Preußen der Baustein der neuen Ordnung ist.

Zwei kranke Männer und ein Massenmörder; Gläserklirren, Trinksprüche, kaukasische Scherze

Ziemlich genau zwei Jahrzehnte nach dem Ende des Krieges versammelte sich in Berlin ein Kreis, um alten Erinnerungen nachzuhängen. Bis tief in die Nacht saß man zusammen: Ernst Jünger, der gerade seinen siebzigsten Geburtstag hinter sich gebracht hatte, Karl Silex, einer der alten Journalisten, die aus der Epoche Stresemanns über die Zeit Hitlers in die Ära Adenauers hineinragten, dann der aus dem Exil heimgekehrte Ernst Josef Aufricht, der legendäre Chef des Schiffbauerdamm-Theaters und in mancher Hinsicht der Entdecker Brechts, sowie einige Freunde.

In vorgerückter Stunde erzählte Silex von der Zeit, die er mit Jünger zusammen in einem amerikanischen Internierungslager verbracht hatte. »Wissen Sie noch«, fragte er Jünger, »wie alle entrüstet die Zumutung ablehnten, sich freiwillig einem Intelligenz-Test zu unterziehen? Wir beiden waren die einzigen, die bereitwillig darauf eingingen.« Dann berichtete er, wie Jünger dazu bemerkt habe, nun erfahre er wenigstens einmal, wie es mit seinem Scharfsinn bestellt sei.

Jünger hatte die Einzelheiten der Begebenheit vergessen und hörte eher überrascht zu, als Silex von den Reden erzählte, die sie am Ende des Tests aus dem Stegreif hatten halten müssen. Jünger war die Aufgabe gestellt worden, sich in die Lage eines deutschen Offiziers zu versetzen, der in den letzten Tagen des Krieges seiner Truppe mitzuteilen hat, daß die Wehrmacht kapituliert habe und der Krieg zu Ende sei; die Einheit gehe – zwar entwaffnet, aber unter dem Kommando ihrer Offiziere – geordnet in die Gefangenschaft. Der amerikanische Militärpsychologe hatte Jünger eine Bedenkzeit von einer Minute gegeben, dann mußte er die fiktive Ansprache halten.

»Dazu brauche ich keine Minute«, habe Jünger geantwortet

und unverzüglich angehoben: »Kameraden! Das Reich ist besiegt, Hitler ist tot. Das Oberkommando der Wehrmacht hat bedingungslos kapituliert. Der Krieg ist zu Ende.« Doch dann habe er fortgefahren, daß dies kein Augenblick der Verzweiflung sein dürfe, denn mit der Niederlage sei auch die Gewaltherrschaft von der Bühne abgetreten. Andererseits sei das Ende des Krieges aber auch kein Anlaß zur Freude. Mit dem Zerbrechen des Regimes sei auch das alte Deutschland untergegangen, und nie werde es wiederkehren; Erleichterung und Schmerz seien untrennbar ineinander vermischt. Dann, verallgemeinernd: »Kein Untergang ist ein Gegenstand von Freude.« Zum Schluß, ganz knapp: »In dieser Lage gibt es nur eines – Würde und Haltung.«

Weitere zwanzig Jahre später ist das Nachsinnen über den Mai 1945 an diesen Punkt zurückgekehrt. War der Zusammenbruch des deutschen Reiches Untergang oder Befreiung, ist er Anlaß zur Trauer oder zur Erleichterung? Das sind deutsche Überlegungen, die ihre Moralität für sich haben, und doch ist es zweifelhaft, ob mit solchen Alternativen zureichend erfaßt wird, was 1945 wirklich geschah.

Wird das Zerbrechen des deutschen Nationalstaates, der ja immer auf dem Spiel stand und nur mit Mühe aus dem Chaos des Ersten Weltkriegs gerettet worden war, wirklich jener Vorgang sein, dessen sich die Geschichte als eines tiefen Einschnitts in den europäischen Dingen erinnert? Als Bedrohung war dieses Reich vom Tage seiner Gründung an empfunden worden, zu unausgeruht, um gelassene Hegemonialmacht der europäischen Mitte zu sein, zu dynamisch, um sich unauffällig in das heikle Gleichgewicht des Kontinents einzufügen. Hätte nicht der Schrecken der bolschewistischen Umwälzung das bürgerliche Europa alarmiert, so wären die Mächte wohl schon damals übereingekommen, das Reich Bismarcks zu zerschlagen; Aufteilungspläne gab es zwischen London und Paris genug. Als die Zerteilung des Landes nach dem zweiten Krieg dann wirklich vorgenommen wurde, war das für das übrige Europa alles andere als ein Schock. Eher waren es die Umstände, unter denen sich die Abtrennung seiner östlichen Gebiete vollzog.

Aber die Amputation des Landes selber blieb ein Gegenstand

von praktischen Überlegungen, in die sich bestenfalls hier und da Hemmungen der Humanität mischten. Würde man die zwölf Millionen Deutschen auf halbwegs geordnete Weise in den Westen »transferieren« können, wie Churchills Ausdruck für die Vertreibung von einem Dutzend Millionen Menschen lautete? Und wie würde ein Rumpfdeutschland sie ernähren können, dessen Industrie man ja auf das Notwendigste reduzieren wollte?

In all den Gesprächen in der Zaren-Villa am Schwarzen Meer und später im Landhaus des Kronprinzen am Heiligensee wird nicht einmal in einer Nebenbemerkung faßbar, daß man die historischen Dimension dessen ahnte, was zu vollziehen man sich anschickte. Churchill bringt die Ernährungsfrage eines Landes ins Spiel, dem man seine agrarischen Gebiete nehmen wird; Truman kommt immer wieder auf das Problem zurück, wie ein Deutschland ökonomische Wiedergutmachung an Rußland leisten soll, dessen oberschlesisches Industriegebiet man an Polen gegeben hat. Irritiert, durchaus nicht degoutiert, lassen sie sich von Stalins rauher Herzlichkeit beruhigen, zur Überbevölkerung im restlichen Deutschland werde es schon nicht kommen. Ein paar Millionen Deutsche seien ja schon tot; bis alles vorüber sei, werde wohl noch einmal eine Million ums Leben kommen. Dann geht man zu wichtigeren Fragen über.

Das ist das Klima, in dem eine Ordnung umgestoßen wird, die die Mitte des Kontinents seit Jahrhunderten bestimmt hatte, jenes Herzland Europas zwischen Moldau, Donau und Weichsel. Zwei kranke Männer und ein Massenmörder; Trinksprüche, Gläserklirren, Gelächter. Dazwischen besorgte Überlegungen, ob wohl das kommunistische Lubliner Komitee sich auch mit der polnischen Exilregierung in London arrangieren werde. Dann wieder Heiterkeit über kaukasische Scherze und sowjetische Bitten um die Intensivierung des Luftkriegs.

Man muß nicht das Niveau des Wiener Kongresses oder des Berliner Kongresses im 19. Jahrhundert vor Augen haben, um sich in gespenstische Welten versetzt zu fühlen. Jenes politische Ordnungsdenken, das aus dem Schrecken des Dreißigjährigen Krieges geboren worden war und für ziemlich genau drei Jahrhunderte eine stets gefährdete Gesittung in die Mitte Europas gebracht hatte, war wie ausgelöscht. Der Ausbruch Hitlers aus aller Vorstellungswelt hatte mit der politischen auch die moralische Weltordnung umgestülpt; nun führte man die Wahrheit des Brecht'schen Satzes vor, daß auch der Haß gegen das Böse das Antlitz verzerrt.

Die Orgie der Rache, der in der letzten Phase des Kriegs, als alles längst entschieden war und die siegreichen Armeen in zerschmetterte Regionen einzogen, von Würzburg über Dresden bis Potsdam Dutzende deutscher Städte zum Opfer fielen, folgte die Raserei auf der Landkarte, und nicht nur auf der deutschen. Am Ende war nichts mehr so, wie es gewesen war, seit sich die europäische Staatenwelt konstituiert hatte.

Als sich die Armeen vom Schlachtfeld zurückzogen, begaben sich andere Heere auf die Wanderschaft – zwölf Millionen Deutsche, acht Millionen Polen, zehn Millionen Russen, dann Finnen, Rumänen, Balten. Zwanzig Millionen Deutsche, Skandinavier und Niederländer hatte Hitler im eroberten Ostreich ansiedeln wollen. Nun antwortete seinem neuen Germanenzug eine Völkerwanderung ganz anderer Art; Panjewagen und Kopftuch rückten um Hunderte von Kilometern in die Mitte Europas vor.

Auch daran dachte Henry Kissinger, als er sagte: »Es ist schon richtig, daß Rußland eine der großen Defensivmächte der Geschichte ist. Nur sonderbar: Am Ende eines jeden Jahrhunderts hat es seit dem späten Mittelalter seine Grenzen immer wieder um ein paar hundert Kilometer vorgeschoben.«

Und als Graf Platen gut 150 Jahre zuvor die fremdartigen Völkerstämme aus dem Osten durch Polen reiten sah, notierte er:

> Ach, wir schwelgen im Genusse,
> daß bereits zu dieser Frist,
> jener vielgeliebte Russe
> unser nächster Nachbar ist.
> Bloß Barbaren rebellieren,
> wenn man ihnen bricht den Eid.
> Kommt an unser Herz, Baschkiren,
> weil ihr so gebildet seid.

Der Nationalstaat der Deutschen, jene kurze Irritation in der Mitte Europas, wird in der Erinnerung der Welt kaum länger bleiben als die Spanne seiner Dauer; schon muß man in anderen Erdteilen erklären, ob jener Kaiser mit dem sonderbaren Helm denn in dem einen oder in dem anderen Deutschland geherrscht habe. Aber tief hat sich in das Empfinden der Völker eingegraben, daß die Zeiten vorbei sind, in denen Kanonenboot und Dudelsack auch für eine geistige Herrschaft standen. Dies war ein Europa, das die Welt nicht nur kolonialisierte, sondern bis in die Formen des Lebens hinein so tief prägte, daß Saigon noch heute französische, Manila spanische und Neu-Delhi britische Züge tragen.

Als wolle der Kontinent sich von sich selber verabschieden, kostete er in der Belle Epoque seine eigenen Reize noch einmal aus und verzauberte die Welt. In Petersburgs Eremitage wie im Metropolitan Museum von New York ist zu besichtigen, in welchem Maße das alte Rußland und das junge Amerika damals dem Glanz Europas erlagen; Großfürsten und Eisenbahnkönige trugen die Avantgarde aus Paris zusammen, oft genug, bevor sie dort selbst entdeckt wurde. Überall in den großen Opernhäusern und Konzerthallen spielte man die Stücke der alten Welt, und an den Pulten standen die europäischen Meister, Gustav Mahler in New York, Hans von Bülow in St. Petersburg. In der Herrenmode gab London den Ton an; was man auf der Promenade trug, wurde in Biarritz festgelegt. Es ist das Jahrzehnt, in dem die Maharadschas englischen Rasen an die Ufer des Ganges holen und der Khedive in Alexandrien das osmanische Meublement seines Palastes gegen eine Einrichtung im Stil des zweiten Empire austauscht. Ein Fin de siècle, aber in ganz anderem Sinne, als es zu sein vermeinte.

Jenes Europa hat sich selber abgeschafft. Der alte Kontinent konnte den Erdteilen zwar eine *pax europeana* auferlegen, die trotz Sepoy-Erhebung, Rif-Kriegen und Herero-Aufstand in einem Jahrhundert weniger Menschenleben kostete als Biafra oder Kambodscha in einem einzigen Jahr. Aber dieser Kontinent vermochte nicht, sich über Triest, Danzig oder Straßburg zu verständigen; in Versailles zeigte sich, daß man am Konferenztisch so hilflos war wie in Verdun sieglos.

Die Erfahrung des Kontinents war nach den Glaubenskriegen des 17. Jahrhunderts darauf hinausgelaufen, daß der besiegte Gegner stets in das Kalkül des Morgen einbezogen werden muß. Das hatte Talleyrand, Hardenberg überspielend, einst Metternich in Wien abgerungen; in Nikolsburg war es zu Nervenzusammenbrüchen gekommen, als Bismarck seinem Monarchen den Einzug in Wien verwehrte. Auch darin lag die politische Weisheit des 19. Jahrhunderts.

Die Friedensschlüsse des 20. Jahrhunderts wußten von solcher Staatskunst nichts mehr. Die Reglements, die den Besiegten auferlegt wurden, kodifizierten nur die gewandelten Machtverhältnisse; die Unterwerfung des Gegenspielers, seine dauernde politische Schwächung und moralische Demütigung, sollte die heikle Weltordnung stabilisieren. Man war von Waterloo nach Zama zurückgekehrt. Das hat Deutschland sein Reich und fast seine Geschichte gekostet.

Aber auch im Gesicht der anderen Mächte sind die europäischen Züge undeutlicher geworden. Jenseits des Atlantik werden die Interessen schon stärker vom pazifischen oder iberoamerikanischen Raum geprägt als von den alten Metropolen, die nur noch bezaubern. Wie immer – von der Seidenstraße bis zur Gewürzstraße – werden solche Verschiebungen an den Verbindungswegen des Handels greifbar: Das pazifische Verkehrsaufkommen der Vereinigten Staaten wächst mit jährlichen Zuwachsraten von zehn Prozent, während das atlantische Mühe hat, den Stand zu halten. Das Reich auf beiden Seiten des Urals aber, das seine Wendung zum Westen schon mit dem Wechsel von Petersburg nach Moskau rückgängig gemacht hat – woran keine Rückbenennung von Städten etwas ändern kann –, nimmt zunehmend die Züge jener Kirgisen und Baschkiren an, deren Anblick Goethe beim Einzug in Weimar so erschreckte.

Immer waren die Moskowiter das ganz Andere gewesen, ein fernes Land, das weder Renaissance noch Reformation oder Humanismus erlebt hatte. Der Ruf »Die Kosaken kommen!« war während der Kriege des 18. Jahrhunderts ein Anlaß zum Schrekken gewesen; wenn sie mit ihren Piken angeritten kamen, flüchteten ganze Dörfer in die Wälder. Jetzt aber behauptet dieses moskowitische Reich nur mühselig noch seine russischen Züge. Wie in den südlichen Gebieten der Vereinigten Staaten mehr Spanisch als Englisch gesprochen wird, so ist das Russische in großen Teilen des östlichen Imperiums vom Kaukasus bis zur Mongolei auf dem Rückzug. Die russisch-europäische Farbe platzt, je weiter der Reisende nach Osten kommt, ab, und überall kommen die asiatischen Muster zum Vorschein. Die Freiwerdung Rußlands von der lastenden Erbschaft Lenins ändert am Vorrükken seiner asiatischen Teile nichts.

Die Blindheit für diesen Vorgang, die bei den Beratungen in Teheran, Jalta und Potsdam sichtbar wurde, mag durch die mühevolle Niederringung jenes Mannes erklärlich sein, der während des Krieges immer mehr die Züge von Tamerlan angenommen hatte. Schwer zu verstehen ist das vollkommene Fehlen auch nur der Ahnung, daß nicht nur die deutsche Raserei an ihr Ende gekommen war, sondern auch die alte Weltordnung. Die Generalresidenten in Damaskus und Algier beschäftigten sich während dieser Jahre mit der Nachkriegsordnung der arabischen und afrikanischen Welt, eifersüchtig darauf bedacht, ihren englischen Konkurrenten entgegenzuarbeiten. Im Foreign Office dagegen spielt man Überlegungen durch, einem Deutschland, das sich Hitlers entledigt hat, Anteil am kolonialen Besitzstand zu gewähren. Wenige Jahre später wird niemand mehr Kolonien haben.

Goerdeler lebte in der Tat in irrealen Welten, als er meinte, nach einem Staatsstreich etwas von Hitlers territorialem Gewinn behaupten zu können. Aber wie getrübt war auch der Wirklichkeitssinn Edens, als er sich um dieselbe Zeit – auf dem Höhepunkt des Weltkrieges – Gedanken über einen langfristigen Interessenausgleich des britischen Empire mit der französischen Communauté machte.

Ist Geschichte immer so ahnungslos über das, was wirklich auf der Tagesordnung steht? Beide Länder haben schon zehn Jahre später keine afrikanischen und asiatischen Besitzungen mehr. Geht Geschichte immer so vor sich? Wie war es in der alten Welt? Was dachte Valerian, als er in die orientalischen Provinzen Roms eilte, weil unter dem Ansturm der Sassaniden die östliche Metropole Antiocheia gefallen war? Rom feierte seinen Frieden und seinen Luxus, als Boten meldeten, Dromedarnomaden hätten seine nordafrikanischen Bastionen überrannt, überall seien Alanen, Goten und Iraner im Aufbruch. Aber nahm man die Meldungen auch dann noch leicht, als Raubzüge der südrussischen Stämme den ganzen Donauraum in Bewegung brachten? Kam in der Mitte des 3. Jahrhunderts wenigstens ein Bewußtsein auf, daß die *pax romana* an ihr Ende gekommen war?

Europa hat von der Zerstückelung des Deutschen Reiches einiges gewonnen. Zum ersten Mal in ihrer Geschichte haben sich die Deutschen rückhaltlos dem Westen zugewandt; der riesenhafte Schatten der Macht, der auf die Mitte des Kontinents gefallen war, vermochte, wozu die Ideen des Westens aus eigenem nicht gereicht haben. Die Geschichte selber hat das Gesicht Deutschlands gewaltsam nach Westen gedreht; das galt für die Empfindung der Menschen in der östlichen Hälfte des Landes fast noch mehr als für jene, die im Schutz der Allianz lebten. Mehr als die äußere Schwächung war es die innere Wendung, die Europa mit Wohlwollen auf die deutschen Dinge schauen ließ.

Der Traum von einem wiedergeborenen selbständigen Mitteleuropa, von einem »Zwischeneuropa«, das die Mitte zwischen Paris und Moskau hält, der alte Traum ist endgültig ausgeträumt. Nach dem Ersten Weltkrieg wollte Lenin die Seele Deutschlands gewinnen; Radek kam im Auftrag der Volkskommissare nach Berlin und München und warb um Geist und Gemüt der Deutschen, wobei er sich auch mit dem jungen Ernst Jünger traf. Nach dem Zweiten kam Stalin und wollte den eisfreien Kriegshafen Königsberg und ein um Ostpreußen, Schlesien und Pommern vergrößertes Polen als vorgeschobenen Posten seiner Macht. So stieß er ganz Osteuropa von sich, als er durch seine Militärgouverneure Besitz von ihm zu ergreifen suchte.

Nun endlich wollen Polen, Tschechen und Ungarn zum Westen gehören. Der Panslawismus, der ein Jahrhundert lang als Schimäre die Menschen verzauberte und der Schrecken Wiens war, ist kein Traum mehr, sondern ein Alptraum. An Weichsel, Moldau, Donau und Drau weiß man, was man zuvor am Rhein lernte. Der Osten wird der Westen sein, oder er wird gar nicht sein. Das ist die tiefere Bedeutung der Ereignisse, die Europa und mit ihm Deutschland im Jubiläumsjahr der Französischen Revolution noch einmal umstürzten.

Brandenburg ist alles, was von Preußen geblieben ist

Dächer von Ziegel, Dächer von Schiefer,
Dann und wann eine Krüppelkiefer,
Ein stiller Graben die Wasserscheide,
Birken hier und da eine Weide,
Zuletzt eine Pappel am Horizont,
Im Abendstrahl sie sich sonnt.
Auf den Gräbern Blumen und Aschenkrüge,
Vorüber in Ferne rasseln die Züge,
Still bleibt das Grab und der Schläfer drin -
der Wind, der Wind geht darüber hin.

Theodor Fontane

Brandenburg ist alles, was von Preußen geblieben ist. Preußen war der Staat und seine Idee. Preußen waren die Provinzen im Osten, das eintönige Land der Kiefern und Birken: Ostelbien. In der Ebene hinter der Oder, in der Neumark, in Westpreußen und in der Provinz Posen, wo Bromberg, Thorn und Graudenz lagen, verband sich das Deutsche allmählich mit dem Polnischen.

Eine Zeitlang, als unter dem Nachfolger Friedrichs des Großen, dem liederlichen und frommen König Friedrich Wilhelm II., die Dynastie noch Neu-Ostpreußen und Südpreußen gewann, sah es sogar so aus, als würde Preußen wie Österreich ein Staat über den Nationen werden, nicht weniger Polen als Deutsche in seinen Grenzen vereinigend. Der polnische Adel saß im preußischen Herrenhaus in Berlin, und den Fürsten Radziwill machte der König zum Gouverneur der preußischen Provinz Posen. »Preußen hätten wir werden können«, sagte dessen Vetter Raczinski nach der Gründung des Reiches, »Deutsche niemals.«

Preußen war schließlich auch und vor allem jenes Ostpreußen

zwischen Weichsel und über den Pregel hinaus bis zur Memel. Die Hauptstadt Königsberg hatte ihren Namen ja nicht von den Herrschern Brandenburgs, die damals noch Markgrafen, dann Kurfürsten waren und erst Jahrhunderte später Könige wurden, sondern Ottokar von Böhmen zu Ehren, weil der hier im Samland an einer Kreuzfahrt teilgenommen hatte. Von dieser Welt weit im Osten erhielt schließlich das ganze Land seinen Namen, auch die Stammlande der Hohenzollern, die lange Zeit die Kur- und die Altmark gewesen waren, ehe sich die beiden Linien des Geschlechts auf dem Wege der Erbfolge vereinigten.

Aber noch immer fühlte man sich zwischen Havel und Spree nicht als Preuße, sondern als Brandenburger. Als Friedrich die Geschichte seines Hauses schrieb, redete er natürlich vom »Hause Brandenburg«, und auch Kleists ›Prinz von Homburg‹ endet ganz selbstverständlich mit dem gegen Napoleon gerichteten Ruf: »In Staub mit allen Feinden Brandenburgs!«. Was jetzt wiedergegründet wurde, das Land Brandenburg mit seiner neuen Hauptstadt Potsdam – denn lange war Berlin die Hauptstadt Brandenburgs gewesen –, ist also sehr alt, ja eigentlich uralt und, wenn man es genau betrachtet, viel älter als das so glanzvolle Preußen, bis alles zusammen in den Untergang gerissen wurde – Brandenburg, Preußen und Deutschland.

Die Natur, die jenseits der Geschichte steht, ist selber historisch. Der Baumbestand schon signalisierte einst die Besitzverhältnisse. Nur die Gutsherrschaft ließ ja die alten Bäume stehen; kein Bauer hätte stehen lassen, was mehrere hundert Mark pro Klafter brachte. Fuhr man über Land, so gaben schon von fern hochragende Baumgruppen zu erkennen, daß dort ein Gutshaus war, meist mit einer zugehörigen Kirche. Da war dann die Gutsloge, wie heute noch in Paretz, wo Friedrich Wilhelm III. und seine Luise die Feldsteinkirche durch den älteren Gilly ins Neu-Gotisch-Klassizistische wenden ließen.

Nun aber stehen die alten Riesen, meist Linden und Buchen, verloren zwischen den Äckern, denn man hat die Häuser abgerissen, denen sie einst Würde gaben. Nun ist dies kein Gutsland mehr, aber auch kein Bauernland. »Landwirtschaftliche Produktions-Genossenschaft« heißt, was an die Stelle der bäuerlichen

Welt getreten ist; die Bauern haben keine Rinder mehr im Stall, sondern die »LPG« betreibt »Pflanzen- und Tierproduktion«. Sind das die Agrarfabriken, die die Volkskommissare nach der Revolution im fernen Rußland erfanden? Heute mutet die Welt zwischen der Uckermark und dem Barnim merkwürdig geschichtslos an; alles fehlt, was ihr so lange Bedeutung gegeben hat, Bürger und Bauer und Edelmann.

Der Sozialismus war nicht nur eine Absage an die überlieferten Herrschaftsverhältnisse, sondern an die Geschichte selber. Nicht nur die Welt da oben hat man zerstört, sondern auch was darunter lag. Wie in der Stadt Ansammlungen aus Großplatten an die Stelle der alten Viertel traten, so ging auf dem Land das dörfliche Leben seinem Ende entgegen, und wären dem Sozialismus noch zwei oder drei Jahrzehnte mehr gegeben gewesen, so wäre Lenins Vision der Industrialisierung des Landes Wirklichkeit geworden. In zwei der preußischsten Orte Brandenburgs, in Paretz und in Neuhardenberg, kann man an Mietshäusern auf den Äckern schon sehen, in welche Richtung die Träume der geschichtslosen Utopie gingen.

Man redet immer nur von der Entstalinisierung, die dem Osten nottue; aber was sowohl der östlichen Wirklichkeit wie dem westlichen Denken tatsächlich nottut, ist die Befreiung von der Utopie Lenins, und insofern ist die Umbenennung der Stadt an der Newa ein Signal erster Ordnung. Stalin ist wie Hitler nicht mehr als ein Monster; weniger er selber ist interessant als die Macht, die er über die europäischen Intellektuellen ausübte.

Doch nicht allein die Häuser sucht man vergebens, sondern auch die, die früher hier lebten. Geht man durch die kleinen Landstädte wie Jerichow oder Jüterbog, macht man sich allmählich erst klar, was es heißt, daß Millionen Menschen das Land verlassen haben. Jetzt zählt Brandenburg zu den bevölkerungsärmsten Teilen Deutschlands. Soll man jedoch leugnen, daß die Leere des Landes zum eigentümlichen Reiz dieser Welt beiträgt, vor allem, wenn man aus Westdeutschland kommt, aus der Gegend um Frankfurt und Darmstadt, Heidelberg und Mannheim zum Beispiel, wo weder Stadt ist, noch Land?

Aus dem Land getrieben oder geflohen sind die Menschen, die ihm einst seine unverwechselbare Farbe gaben. Zuerst gingen die Juden, die nicht nur in der fernen Residenz, sondern auch hier in den Ackerbürgerstädten vertrieben wurden, und denen man, von den Mendelssohns über die Ephraims bis zu den Rathenaus, viel verdankte. Dann, als die Rote Armee das Land besetzte, ging der Adel, und die alten Herrensitze – der der Marwitz' in Friedersdorf wie der der Finkensteins in Reitwein – wurde oft erst zehn, ja zwanzig Jahre nach dem Kriege abgerissen. Für die deutschen Kommunisten waren die meist überaus bescheidenen Gutshäuser »Zwingburgen der Junker«, wie Wilhelm Pieck, der erste und einzige Präsident des Arbeiter- und Bauernstaates, in einer Rede sagte.

Schließlich gingen auch die Bürger der märkischen Kleinstädte, aus denen sich Berlin jahrhundertelang gespeist hatte. Anders als Frankreich hatte Preußen seine Kraft ja nicht aus der Hauptstadt, sondern aus dem flachen Land gezogen. Berlin wie Potsdam waren lange kaum mehr als Fischerorte und Ackerbürgerstädte, wenn man sie mit Wien, Köln, Hamburg oder Danzig verglich. Draußen aber, in Brandenburg und in den anderen Provinzen, saßen sie alle, zwischen Rübenäckern und Weizenfeldern, die Schloßgeborenen wie die Bürger, denen das Land seinen Aufstieg verdankte.

Ganz zum Schluß verließen auch die Bauern ihr Land und flohen zu Hunderttausenden in den Westen, als man ihnen von Bauernbefreiung sprach und sie in Agrarkommunen zusammenfaßte. Steht man auf den Seelower Höhen und sieht auf den Oderbruch hinunter, einst Preußens reichstes Bauernland, so erzählen einem die alten Leute, daß hier nicht eines der alten Geschlechter mehr ansässig ist, die Friedrich bei der Urbarmachung des Bruchs in dieser Gegend ansiedelte. Ehemalige Gespannführer saßen im »Rat der Gemeinde«, wie man nach sowjetischem Vorbild die früheren Bürgermeistereien nannte.

Und es fehlt selbst die Handwerkerschaft, die das Land seit Jahrhunderten prägte und aus der sie alle kamen, die Humboldts aus dem neumärkischen Königsberg, Goethes römischer Reisegefährte Hackert aus Prenzlau, Schadow aus Saalow, Schinkel aus Neuruppin und ganz zuletzt noch Theodor Fontane. Nicht nur die Städte, das Wasser, die Luft und den Boden hat der Sozialismus verwüstet, sondern auch, was den eigentlichen Reichtum Brandenburgs ausmachte, die Menschen.

Dies war ja das eigentlich Staunenswerte: daß in dieser Welt zwischen Elbe und Oder, auf diesem unscheinbaren Boden, der nicht viel Aufhebens von sich macht, eigentlich alles angefangen hat, was Preußen sein Großes nennt. Die Berge waren geheimnisvoller im Riesengebirge, die Wälder undurchdringlicher in Masuren und das Land malerischer an der pommerschen Küste, wo die Seestege weit ins Meer gingen. Aber von hier, aus dem alten Brandenburg, stammten die meisten von ihnen, die Fichtes und die Humboldts, die Kleists und die Arnims, die Schadows und die Schinkels und all die anderen, die diese Welt zu einem Salon im Bruch machten. Es ist kaum zu begreifen, wie aus dieser Rübenwelt abseits der Geschichte eine der großen geistigen Landschaften Europas wurde.

Jahrhundertelang hatte Brandenburg unverachtet, aber auch unbeachtet vor sich hingelebt, als man am Rhein oder an der Donau schon große europäische Gedanken dachte. Weiß denn jemand, wer im 15. oder 16. Jahrhundert in Stendal lebte oder in Fürstenwalde, das sogar einmal Universität gewesen ist? Fast an jeden Ort in Baden knüpfen sich Erinnerungen, in jedem zweiten Dorf glaubt man zu wissen, daß Gottfried von Strassburg hier geboren wurde. In Thüringen sind fast alle Berge mit großen Namen verbunden, nicht nur mit Ludwig dem Springer, der die Wartburg erbaute, auf der der Sängerstreit stattfand. Es ist schon verständlich, daß man von Franken milde auf die Streusandbüchse des Reiches sah. Dort, zwischen der Grafschaft Ruppin und dem Ländchen Friesack, schien die Zeit stillzustehen, in den Schlaf der Geschichte versunken, und es war ganz gleich, ob man Parchim im 14. oder im 17. Jahrhundert aufsuchte.

Dann aber ändert sich plötzlich alles, und das Merkwürdige ist, daß eine einzige Generation Brandenburg genügt, um in die wirkliche Geschichte zu treten. Mit dem Großen Kurfürsten soll man es nicht allzu ernst nehmen; dergleichen große Kriegsherren hat es in Sachsen oder in Franken auch gegeben. Was ist der Brandenburger Landesherr schon gegen jenen Schweden, der bei

Poltawa beinahe die Landkarte Europas umgestürzt hätte? Wäre Friedrich Wilhelm, der Soldatenkönig, in Erinnerung geblieben, wenn es nicht seinen Sohn gegeben hätte, der Europa in Erstaunen versetzte? Andere Herrscher machten anderswo ebenfalls von sich reden, aber sie sind aus dem Gedächtnis gekommen, weil sie ein Ende waren und kein Anfang.

Mit Friedrich aber begann es erst, und zwar auf jedem Felde, dem der Schlachten wie dem der Künste. Oft hört es nach einem solchen Ausbund von Genie wie Friedrich, der übrigens ziemlich unleidlich war, gleich wieder auf, und das Land versinkt in der Bedeutungslosigkeit. Friedrich dagegen ist in vielem Betracht nur der Auftakt, und nach ihm kommt das Land keineswegs zur Ruhe, legt eigentlich erst richtig los.

Denn trotz allem ist es mit dem, was unter dem großen König gedacht und geschrieben wurde, bei Lichte besehen so weit nicht her, oder will man Ewald von Kleist so über die Maßen schätzen? Dann jedoch ist der andere Kleist schon da, und mit einem Male tritt Preußen, das bislang vor allem durch die Gestalt des Königs und dessen Bravourtaten von sich reden gemacht hatte, auch im Geistigen nach vorn. Fast alle Künste wachsen plötzlich auf diesem Boden, der mit Blechen, Menzel und Liebermann ganz zum Schluß selbst noch in der Malerei die anderen Regionen Deutschlands an die Wand spielt. Was ist die Münchener Malerschule gegen die Berliner? Die Düsseldorfer sind eigentlich schon vergessen, als sie den Pinsel aus der Hand legen.

Und doch dauert es nur ein Jahrhundert, dann wird Preußen schon wieder unscheinbar. Wer ist in Havelberg oder Schwedt um 1850 oder 1900 geboren? Es ist, als ob die Hauptstadt, wie in Frankreich Paris oder in England London, das Land ausgesogen hat.

Es ist ein merkwürdig punktueller Staat, dieses Preußen, das erst Deutschland, dann Europa und schließlich fast die Welt auf den Kopf stellt; dergleichen grandiose Kurzlebigkeit hatte es zuvor kaum gegeben. Fünfhundert Jahre lang sprach man im Alten Reich von Brandenburg fast überhaupt nicht, kannte die Markgrafschaft kaum, deren Städte ja auch wirklich neben Regensburg oder Augsburg gar nicht zählten. Und ein Lebensalter nach dem Untergang des Staates – bedeuten da die preußischen Namen und Daten den Nachkommen noch etwas? Das Land ist im Qualm der Geschichte unkenntlich geworden. Eine lange Geschichtslosigkeit, ein heftiges Dasein, dann ein Sinken ins Vergessen; bald wird Preußen nur noch in der Erinnerung weiterleben. Aber Brandenburg blieb. Es war früher da, und es dauerte länger. Großes hatte es zutage gefördert, um sich selber fast vergessen zu machen, denn wer sprach von Brandenburg, als Preußen Napoleon bestehen mußte?

Die Mark hat alles hervorgebracht, erst das Kurfürstentum Brandenburg, dann das Königreich Preußen, schließlich das kurzlebige Deutsche Reich. Es ist, als ob sie sich dabei verzehrt habe. Nun ist alles von ihr abgefallen, was ihr Bedeutung, Glanz und wohl auch Unheimlichkeit gab. Nun ist die alte Mark wieder auf sich selber zurückgeworfen; Brandenburg ist alles, was von Preußen geblieben ist.

Legt man die Karte des heutigen Deutschland neben eine Karte aus staufischer Zeit, so hält man wieder da, wo man vor einem Dreivierteljahrtausend stand, bevor man über die Oder ging und den Heiden und der Wildnis Land abgewann. Damals gab es das Königreich Polen noch nicht, slawische, wendische oder sorbische Völkerschaften saßen dort, wenn man über die sumpfigen Niederungen blickte, die den Weg des Stromes säumten.

Eine lange Geschichte und ein kurzer Glanz. Wieder einmal muß man sich nun am eigenen Schopf aus der Kargheit seiner Rüben- und Kartoffelwelt ziehen. Hat man das aber nicht immer tun müssen? Erst machte man sich die brandenburgische Aristokratie dienstbar, domestizierte sie zu preußischem Adel, dann führte man in Theologie, Philosophie, Kunst und Poesie eine neue Epoche herauf, und ganz zum Schluß schufen die Borsigs, die Siemens' und Rathenaus aus dem Nichts das größte Industriezentrum zwischen Atlantik und Ural, auf einem Boden, den nichts dazu prädestinierte, weder Kohle noch Erz noch Wasserkraft.

Das Ingenium des Ortes und seiner Menschen mußte ersetzen, was die Natur verweigerte. Die Lage ist so neu nicht, vor der sich Brandenburg heute sieht.

Der Rheinsberger See, die Landschaft der glücklichsten Kronprinzenzeit des jungen Friedrich.

In der Kohlfurter Heide. Die Aufnahme stammt aus den dreißiger Jahren und mutet doch wie aus Vorzeiten an.

*Chaussee bei Wustrau. In diesen Jahren aufgenommen, gibt sich diese Welt noch heute wie vor Jahrhunderten.
Die Zeit scheint an der märkischen Landschaft vorübergegangen.*

See bei Wusterwitz. Schilf, Baumgruppen und Einsamkeit, heute wie vor hundert oder zweihundert Jahren.

Oder- oder Elbniederungen – die Stromlandschaften im Osten gleichen einander: sumpfige Wiesen, Raine aus Weißdorn, Ulmen und Eschen.

Tangermünde mit gotischem Rathaus. Die Kleinstädte in der Altmark haben die versinkenden Zeiten bewahrt, und sei es durch Armut.

Nahe Havelberg mündet die Havel in die Elbe. Der gewaltige romanische Dom beherrscht die Stadt. Hier traf sich Zar Peter der Große mit dem Kurfürsten von Brandenburg.

Friedrichs Residenz auf einer Havelinsel

Näherte man sich Potsdam einst vom Wasser her, so grüßten den Besucher schon von ferne die Kirchen und Schlösser einer Stadt, die eigentlich nur aus dem Willen ihrer Herrscher geboren war. Es war eine Welt, die aus der Havel ihre Poesie gewann, dem ruhigen Flußlauf, der die Stadt umschloß und in Form von Grachten mitten durch sie hindurch ging. Das Schloß lagerte sich zum Ufer hin – die Königliche Barke hatte dort einen eigenen Anlegeplatz –, und seine Fassade spiegelte sich im Wasser. Die Heiliggeistkirche aber beherrschte das andere Ufer; ihr Bild empfing den Ankommenden schon von weitem.

Es fällt schwer, sich diesen Traum im Norden heute vorzustellen, wo Hochhäuser in sozialistischer Billigbauweise die Silhouette der Stadt beherrschen. Die Architektur Potsdams war nie wirklich bedeutend, läßt man Knobelsdorffs Stadtschloß beiseite, und niemand hat die Miniaturresidenz im Ernst zu den großen Städten gezählt, wie sie in ganz Europa sich am Wasser lagern, von Venedig im Süden bis zu St. Petersburg im Norden; dazu fehlten der Dogenpalast wie die Eremitage. Und dennoch nahm der unwirkliche Zauber des Ortes gefangen; die Kunst der Stadt verdankte sich fast allein ihrer Künstlichkeit.

Potsdam feiert in wenigen Jahren seine 1000-Jahr-Feier, denn 993 wird es zum ersten Mal als ein slawischer Ort namens Poztupimi, nämlich: das »Dorf unter den Eichen«, erwähnt. Aber es ist nicht weit her mit diesem ehrwürdigen Alter. Fast ein Dreivierteljahrtausend hört man nichts mehr von Potsdam, bis 1631 der schwedische König Gustav Adolf während des Dreißigjährigen Krieges hier die Nachricht von der Zerstörung Magdeburgs empfängt.

Dann versinkt der Flecken wieder in der Bedeutungslosigkeit, auch nachdem der Große Kurfürst in seiner Mitte ein Schloß gebaut und die Stadt dadurch zur Residenz erhoben hat. Als sein Sohn, der erste preußische König, in Potsdam die Könige von Polen und Dänemark empfängt, ist der Ort eine Ansammlung von wenigen Häusern, die von anderen Städten des Landes – von dem Ort Brandenburg beispielsweise, aber auch von Havelberg und Tangermünde – an Bedeutung weit übertroffen wird. Ganze zweihundertzwanzig Häuser zählt Potsdam noch beim Regierungsantritt des Soldatenkönigs, der der Stadt allerdings seine besondere Zuneigung zugewendet zu haben scheint.

Nicht nur die deutschen Weltstädte – Wien, Köln und Danzig – stellen Potsdam damals bei weitem in den Schatten. Der märkische Ort darf auch nicht daran denken, sich mit den Handelszentren Passau und Regensburg oder den Hansestädten Hamburg und Lübeck zu vergleichen. Potsdam ist eben der Nebensitz der nicht sonderlich wichtigen Herrscher der Streusandbüchse des Heiligen Römischen Reiches, weit hinter Dutzenden von deutschen Städten zurückstehend. Niemand wäre auf den Gedanken gekommen, dieser Ansammlung von Häusern auf einer Havel-Insel eine Zukunft vorauszusagen.

Aber eine Generation später macht Preußen und mit ihm Potsdam unter Friedrich dem Großen in ganz Europa von sich reden. Von überall kommt man, den Monarchen und seine Residenz in Augenschein zu nehmen. Selbst der vornehmste Philosoph Frankreichs, Voltaire, verläßt Paris, um hier für Jahre sein Quartier zu nehmen, und aus Italien reist der Chevalier de Seingalt an, genannt Casanova, weil man den König und seine Stadt kennen muß, wenn man die Sehenswürdigkeiten der Zeit in Augenschein genommen haben will. Übrigens ist die Besichtigung Friedrichs gar nicht schwer zu bewerkstelligen, denn das Staunen Europas ist durchaus nicht von einer Leibgarde abgeschirmt, wie das im Wien der Habsburger oder im Paris der Bourbonen der Fall ist. Ein Piquet von ganzen fünf Mann bewacht den König in seinem Lieblingsschloß Sanssouci, und er wird nur ärgerlich, wenn durchreisende Engländer allzu ungeniert ihre Nasen an den Fensterscheiben seines Zimmers plattdrücken.

Die Zeit Friedrichs des Großen und seiner unmittelbaren Nachfolger ist die einzige Epoche, in der Potsdam das Machtzentrum

Preußens, ja ganz Norddeutschlands und bald ganz Nordeuropas ist. Seine eigentliche Hauptstadt Berlin liebt Friedrich nicht sonderlich, und sommers wie winters residiert er in der Havel-Stadt. Während der guten Monate wohnt Friedrich in Sanssouci, das sein Freund Knobelsdorff für ihn gleich nach dem Regierungsantritt errichtet hat. Wenn es regnerisch und unfreundlich wird – den Winter über sowieso – , zieht er in das Potsdamer Stadtschloß, das ihm ebenfalls Knobelsdorff umbauen, erweitern und modernisieren muß. In den anderen Schlössern der Mark – Oranienburg und Schönhausen – bringt er seine Mutter, seine Frau und seine Geschwister unter. In Sanssouci dagegen gibt er seine Flötenkonzerte, hier empfängt er seine Philosophenrunde, hierhin kehrt er nach den Schlesischen Kriegen immer wieder zurück und hier wird er 1786 auch sterben, gichtgeplagt und ziemlich übellaunig, in einem Lehnstuhl, der aus Pietät lange nicht angerührt wird.

Potsdam ist die Stadt Friedrichs, und nach ihm sinkt sie im Grunde zur schönen Dekoration herab. Die nächsten Könige Preußens, die Friedrich Wilhelms II., III. und IV., werden fast ausnahmslos wieder in Berlin wohnen. Nur die drei Kaiser, die es vor dem Untergang des alten Deutschland noch geben wird, lieben es, während des Sommers in der uralten Havelstadt zu leben, in Schloß Babelsberg oder im Neuen Palais, das sich der König, alte Pläne aufgreifend, gleich nach dem mühselig durchgestandenen Siebenjährigen Krieg bauen ließ. Aber da lebt Knobelsdorff nicht mehr, Köpfe geringeren Rangs müssen es entwerfen, und so wird es wenig mehr als eine Antwort auf Wiens Schönbrunn.

Potsdam bleibt eine Kleinstadt, ganz bis zum Ende. Nur wenig mehr als sechzigtausend Einwohner hat das Städtchen noch 1914, als das Land in die ungeheuren Materialschlachten des Weltkrieges stolpert, der das alte Europa und seine ehrwürdigen Dynastien auslöschen wird. Berlin hat da schon an die dreieinhalb Millionen Einwohner, von Paris und London ganz zu schweigen.

Aber die wenigen Jahrzehnte unter Friedrich genügen, um die Stadt zu prägen. Bis zu der Bombennacht des Frühjahrs 1945, in der – wenige Wochen vor dem Untergang des Dritten Reiches – alles zerstört wird, ist Potsdam die Stadt Friedrichs des Großen.

Was vorher oder nachher kommt, ist Vorbereitung oder Ausklang, die von Ulbricht abgerissene Garnisonkirche des Soldatenkönigs ebenso wie jenes kleine Schloß im Fachwerkstil eines englischen Landhauses namens Cecilienhof, das erst 1917 – mitten im Ersten Weltkrieg – fertig wird. Nach dem Zweiten Weltkrieg wird in ihm das Treffen der Sieger stattfinden, die Potsdamer Konferenz, woran eine Gedenkstätte des untergegangenen sowjetischen Satrapen-Regimes noch heute erinnert. Alles, was wirklich zählt, ist die Epoche zwischen Knobelsdorff und Schinkel samt seinen Schülern Stüler und Persius. Das war bis zu der sinnlosen Bombennacht vom 14. April 1945 das friderizianische Potsdam.

Aber Friedrich war nicht nur der Erbauer und in vielerlei Hinsicht sogar der Architekt des Schlosses in den Weinbergen, das er Sanssouci nannte (es existieren ziemlich exakte Handzeichnungen des Königs, an die sich der Architekt halten mußte). Er war auch der Bauherr des gewaltigen und nicht recht geglückten Schlosses im Park von Sanssouci, in dem er eigentlich bis auf die Sommermonate wohnen wollte. Aber es scheint ihm dann doch nicht so recht zugesagt zu haben, weshalb er dort vorzugsweise seine Gäste unterbrachte. Nur die letzten Könige und Kaiser des kurzlebigen Deutschen Reiches nahmen im Neuen Palais Wohnung, wenn sie nicht in Berlin residierten – der Neunundneunzig-Tage-Kaiser Friedrich III. und der allerletzte Hohenzoller, der den Thron seiner Ahnen bestieg, Wilhelm II.

Der alte Kaiser, Bismarcks Wilhelm I., wohnte den Sommer über in Babelsberg, das ihm Schinkel auf Wunsch des Prinzen und dessen Frau, der Weimarer Prinzessin Auguste, im englischen Tudor-Geschmack gebaut hatte. Gleich jenseits der Havel lag in Sichtweite das Landhaus seines jüngeren Bruders Carl in Klein-Glienicke. Auch das war natürlich von Schinkel entworfen worden, diesmal jedoch »in antikischer Manier«, denn Prinz Carl war ein großer Liebhaber und Kenner der Alten. Leider wurde Babelsberg dann nach dem Tode Schinkels von immer neuen Nachfolgern weitergebaut, so daß man heute Mühe hat, die englischen Vorbilder und deren preußische Sehnsuchtsarchitektur darin zu erkennen.

All diese Schlösser blieben erhalten, von den Häusern Friedrichs des Großen bis zu dem Landsitz des allerletzten Kronprinzen, wenn auch mehr oder weniger heruntergekommen, so daß die Fachleute jetzt für ihre Restaurierung mehrere hundert Millionen Mark veranschlagen. Aber sie verdanken ihre Erhaltung weniger einer Sympathie des Sozialismus als ihrer Abgelegenheit in den Parkanlagen von Potsdam. So entgingen sie den alliierten Bomben, und so störten sie später auch nicht die Marionetten-Herrschaft, die es sich Jahrzehnte hindurch auf fremden Bajonetten heimisch gemacht hatte.

Das Juwel, das Potsdam einst gewesen war, mußte der Schimäre einer sozialistischen Zukunftsstadt mit Aufmarschplätzen weichen, aber die Schlösser im Park von Sanssouci blieben ausnahmslos erhalten und bewahren so für die Bewohner und Gäste einen Hauch von dem, was einmal war – jene kostbare Insel-Residenz, die zusammen mit der sächsischen Königsstadt Dresden und der fürstbischöflichen Residenz Würzburg vor Zeiten das barocke Dreigestirn nördlich der Alpen gebildet hatte.

Die drei städtebaulichen Meisterwerke Deutschlands waren in den allerletzten Wochen des Krieges ohne jeden militärischen Verstand von den Alliierten zerstört worden. War das Gedankenlosigkeit der Luftmarschälle, war es die Antwort auf Auschwitz, das inzwischen entdeckt worden war? Das glanzvolle Würzburg Balthasar Neumanns ist nach dem Krieg wiederhergestellt worden, wenn auch unzureichend genug. Dresden und Potsdam dagegen sind erst in den fünfziger und sechziger Jahren wirklich vernichtet worden, als man die ausgeglühten Ruinen all der Kirchen, Palais' und Bürgerhäuser abtrug, um überbreiten »Magistralen« nach Moskauer Vorbild Platz zu machen.

Spät erst, zu spät, besann man sich darauf, daß das Elb-Florenz und das Havel-Kleinod ehedem Millionen von Besuchern angezogen hatten. Dann machte man sich daran, das Wenige, was geblieben war, wieder aufzubauen oder doch zumindest für einen späteren Wiederaufbau zu sichern. Zuerst der Zwinger, bald nach der Staatsgründung; ganz zum Schluß, nicht lange vor dem Zusammenbruch der sozialistischen Welt, die Semper-Oper. Schließlich dachte man sogar daran, einige der einst weltberühmten Kirchen Dresdens und das Schloß der sächsischen Könige wiederherzustellen. An Potsdam dagegen ging *jeder* Restaurierungselan vorüber. Vielleicht nicht *obwohl*, sondern *weil* es die Stadt Friedrichs des Großen gewesen war?

Immer noch durchgeisterten ja sozialistische Zukunftsvisionen die Pläne Erich Honeckers, von dem nicht bekannt ist, daß er auch nur ein einziges Mal die Überbleibsel des alten Deutschland besichtigt hat. Beim Besuch Helmut Schmidts in Güstrow rühmte er sich, erst zum zweiten oder dritten Mal in seinem Leben eine Kirche seines Staates betreten zu haben. Im Neuen Palais ist Honecker selbst 1986 nicht gewesen, als sein Staat dort des zweihundertsten Todestages Friedrichs des Großen mit einer großen Ausstellung gedachte.

Es scheint, daß die Führungsspitze des SED-Regimes nicht nur in Gehabe und Geschmack kleinbürgerlichen Herkommens war, wie alle Welt feststellte, als ihre scheinbar luxuriösen Behausungen in Wandlitz ans Licht des Tages traten. Es waren ja ehemalige Hilfsarbeiter, bestenfalls Handwerkslehrlinge, die mit vierzehn oder fünfzehn Jahren in die Jugendorganisationen der Kommunistischen Partei eingetreten und mit spätestens achtzehn Jahren Berufsfunktionäre geworden waren, bis sie eine Parteihochschule in Moskau besuchen durften – Honecker, Mielke, Axen und wie sie alle hießen.

Den Herausforderungen der sich auflösenden sozialistischen Welt und der heraufziehenden technischen Zivilisation begegneten die Führer des fortschrittlichen Lagers mit Kindersprüchen: »Den Sozialismus in seinem Lauf hält weder Ochs noch Esel auf.« Als ihnen durch die Rote Armee die Macht zugefallen war, konnten sie nach Jahrzehnten des gläubigen Kampfes noch immer kaum einen Satz sprechen, der gedanklich oder sprachlich nicht eine Parodie der Äußerungen jener intellektuellen Berufsrevolutionäre wie Bucharin, Sinowjew oder Kamenjew gewesen wäre, denen sie in ihrer Jugend gehuldigt, die sie aber sogleich verdammt hatten, als sie in den großen Moskauer Prozessen von Stalin liquidiert worden waren.

Man darf den Sozialismus nicht mit den Figuren belasten, die seinen Willen zu vollstrecken vorgaben. Sieht man sie heute in alten Filmaufnahmen und hört sie am 1. Mai auf der Tribüne reden, so springt es in die Augen, daß Welten zwischen ihnen und jenen Vätern des Sozialismus lagen, auf die sie sich beriefen. Was hätten Kautsky und Bernstein in Berlin oder Adler und Bauer in Wien wohl mit Honecker angefangen, wenn sie zu einem Abend im Politbüro verdammt worden wären?

Keiner aus der Garde des Politbüros gehörte ja der traditionellen Handwerkerschaft an, aus der einst die Führer der organisierten Arbeiter hervorgegangen waren, keiner hatte der Zunftwelt angehört wie der Drechslermeister August Bebel oder der Sattler Friedrich Ebert, der seiner Herkunft wegen vom rechten Lager der Weimarer Republik noch verspottet wurde, als er längst Reichspräsident geworden war.

Die Gesellschaft der real existierenden Kommunisten, in Auftreten wie im Gestus gleichermaßen trostlos und das Gespött der Welt, hat sich alle Traditionen zu Unrecht angeeignet, die der Arbeiterschaft wie die Preußens. In Wirklichkeit haben die Ulbrichts und die Honeckers das ganze Land, seine Luft, seine Seen, seine Äcker und schließlich auch seine Städte ruiniert, die der Aristokraten wie die der Proletarier.

Nirgends springt das deutlicher in die Augen als bei einem Gang durch Potsdam. Großplatten-Bauten umgeben das maurische Wasserwerk am Havelufer. Einfältige Billighochhäuser, neben denen das Märkische Viertel ein Wunder an Sensibilität ist, ruinieren die Silhouette jener Stadt, der einst die Liebe Thomas Wolfes gehörte. Die Kuppel der Nikolaikirche grüße aus der Ferne wie die Kuppel des Petersdoms in Rom, sagte er seinem Freund Ledig-Rowohlt, als sie während der Olympischen Spiele 1936 durch das nächtliche Potsdam zogen.

Die Bürger- und Handwerkshäuser, die Friedrich persönlich nach dem Vorbild Pariser und römischer Palais' gezeichnet und den späteren Bewohnern oft genug geschenkt hatte, damit sie der Stadt den erwünschten Anblick gäben, sind nahezu sämtlich beseitigt worden, obwohl sie zumeist nur ausgebrannt waren und leichter wiederherzustellen gewesen wären als das Schloß von Charlottenburg oder der Rathausplatz von Bremen.

Betrachtet man auf alten Photographien diese Potsdamer Palais', die im Grunde wie das berühmteste von ihnen, das Palais

Barberini, Kopien römischer Palazzi sind, so fällt in die Augen, daß sie nicht wirklich zur großen Architektur des 18. Jahrhunderts gehören. Friedrich war, läßt man den Glücksfall des kleinen Sanssouci und vor allem das Potsdamer Stadtschloß beiseite, kein großer Bauherr wie die Schönborns in Würzburg oder August der Starke in Dresden. Vielleicht liegt das daran, daß er nur über den früh verstorbenen Knobelsdorff, aber über keinen Balthasar Neumann und keinen Pöppelmann verfügte. Im besten Fall konnte er auf Bouman, Gontard, Unger, Büring und Manger zurückgreifen, wenn nicht geringere Baumeister seinen Willen vollstrecken mußten. So wäre es nichts anderes als Ungerechtigkeit aus Liebe, wenn man Potsdams – erhaltene – französische Kirche oder die Jahrzehnte nach dem Krieg abgerissene Heiliggeist-Kirche neben Dresdens Frauenkirche stellen wollte.

Übrigens war Friedrich auch darin ganz König der Aufklärung, daß in Potsdam keine einzige Kirche von seiner Epoche zeugt. Sein wichtigster Kirchenbau, die Hedwigskirche in Berlin, die der König nach dem Muster eines heidnischen Tempels, dem Pantheon, selber zeichnete, diente politischen, nicht frommen Zwecken: Sie sollte der Monarchie den katholischen Adel der neugewonnenen Provinz Schlesien gewinnen. Die beiden Kirchen dagegen, die Potsdams Stadtbild prägten, bis Ulbricht ihre rauchgeschwärzten Gehäuse abtragen ließ, stammen aus der Epoche des Soldatenkönigs. Tempel, nicht Gotteshäuser, zeugen von seinem Sohn.

Georg Hermann, der in Auschwitz starb, hat nicht nur die berlinischsten aller Romane geschrieben, ›Jettchen Gebert‹ und ›Henriette Jacoby‹. Er war auch ein Liebhaber der Havelstadt, über die er ein bezauberndes Büchlein schrieb: ›Spaziergang in Potsdam‹. Hier findet sich die amüsante Bemerkung, daß die Garnisonkirche keine Kirche mit einem Turm sei; in diesem Falle besitze ein gewaltiger Turm eine kleine Kirche. Aber das ist nichts Ungewöhnliches in Preußen, das oft mehr vorgibt, als es eigentlich halten kann. Ist es so nicht auch mit den beiden Kirchen auf dem Gendarmenmarkt in Berlin, dem Französischen Dom und dem Deutschen Dom, wo mächtige Kuppeln einen nach hinten versetzten Kirchenraum mehr ankündigen als bergen?

Diese kleine Ungeschicklichkeit macht den eigentlichen Charme der friderizianischen Architektur aus, die stets ein wenig ungelenk ist, aber sich eben deshalb dem Bewußtsein tiefer einprägt als die reine Vollkommenheit. Die Sehnsucht nach dem Schönen ist die eigentliche Schönheit von Potsdams Architektur, wie die Liebe zur Philosophie das eigentlich Philosophische an Friedrichs Korrespondenz mit den Autoren des bewunderten Paris, weil sich das unerreichte Ziel allen Bemühungen auf bezaubernde Weise mitteilt.

Die Stadt Potsdam selber war das Kunstwerk, nicht ihre einzelnen Teile, vielleicht mit der einzigen Ausnahme des kleinen Schlößchens Charlottenhof, das Schinkel für den Kronprinzen Friedrich Wilhelm, den späteren König Friedrich Wilhelm IV., im Schloßpark von Sanssouci baute und das nun wirklich ein Wunder an Vollkommenheit ist. Was ist der Kronprinz für ein wagemutiger Bauherr gewesen, daß er durch einen Fünfunddreißigjährigen den Traum seiner jungen Jahre verwirklichen ließ. So hatte sein Großvater den dreiundzwanzigjährigen Gilly an sich gezogen, wobei er dessen Geburtsdatum fälschen mußte, damit die Bevorzugung des Jünglings kein allzu böses Blut machte. Und ganze neunzehn Jahre war Schinkel, als er den Pomona-Tempel auf dem Pfingstberg entwarf, der in vielerlei Hinsicht jenen Klassizismus vorwegnimmt, der die Residenz der Preußenkönige zwanzig Jahre später prägen wird, in Berlin und in Potsdam.

Ach ja, königliche Bauherren. Die Demokratie veranstaltet einen architektonischen Wettbewerb nach dem anderen, aber sie bringt es nur zu dem siebzigjährigen Scharoun und dem fünfundsiebzigjährigen Mies van der Rohe, die Baumeister des unglückseligen Kulturforums, das große Architekturen zu einem mißglückten Ganzen zusammenfügt.

In Potsdam war es genau umgekehrt. Die Harmonie aller Teile war unvergleichlich, und ihr fügte sich auch das Unbedeutende ein. Zwischen 1750 und 1850 wurde in Potsdam nichts gebaut, was das Auge irritierte – die an sich bestenfalls pittoresken Stadttore Friedrichs des Großen, die Häuser, die sein Neffe durch Langhans errichten ließ, und die Friedenskirche, die Persius für dessen

Enkel entwarf, Friedrich Wilhelm IV., weil der hier eines Tages beerdigt werden wollte. All das war, bei Licht besehen, zweiten Ranges; genauso wie jene Teile der *via triumphalis*, zu deren Ausführung es noch zu Lebzeiten des Königs kam.

Es ist die Wasser- und Insellandschaft von Potsdam, die all dem seinen Zauber gibt, und insofern läßt sich sagen, daß die Havel die Muse der Potsdamer Architektur gewesen ist. Auch das Unzusammenhängende fügt sich hier zusammen, und sogar noch jenes englische Fachwerkhaus Cecilienhof ist auf sonderbare Weise ein Teil des Ganzen.

Dieses Gesamtkunstwerk ist zerstört worden, zuerst durch die Bomber der Alliierten, dann durch die Statthalter Moskaus. Sie haben Potsdam ruiniert wie Stalin das alte Moskau, indem er die Adelspalais' abreißen ließ, die durch Tolstois ›Krieg und Frieden‹ wenigstens in der Literatur weiterleben. Das Deprimierende ist, daß Ulbricht und Honecker allen Ernstes geglaubt zu haben scheinen, daß Berlin und Potsdam erst durch sie auf den richtigen Weg gebracht worden seien.

Sekundiert vom jungen Honecker, erklärte Ulbricht in den fünfziger Jahren, daß Potsdam einen modernen Aufmarschplatz für die Feiern zum 1. Mai brauche. Da wurde die Ruine des Stadtschlosses eben gesprengt, genau wie in Berlin das Stadtschloß Unter den Linden und das Schloß Monbijou. Zur sozialistischen Zukunftswelt, die das SED-Regime zu errichten versprach, paßten die engen Straßen und Gassen des feudalen und bürgerlichen Jahrhunderts und eigentlich das ganze alte Deutschland nicht.

Chruschtschow war diese Mentalität seiner deutschen Genossen vollkommen fremd. Bei seinen Staatsbesuchen brachte er seine Gastgeber immer wieder zur Verzweiflung, wenn er nach dem offiziellen Teil der Visite vorgab, die Schlösser der Hohenzollern besichtigen zu wollen. Er weidete sich, den Schilderungen von Augenzeugen zufolge, an der Verlegenheit seiner deutschen Statthalter, die alles doch längst gesprengt hatten. »Ja, richtig, die habt ihr ja abgerissen. Warum eigentlich? In Rußland haben wir die Schlösser der Zaren alle wiederhergestellt.«

Kurz vor dem Sturz Chruschtschows scheint Ulbricht angeordnet zu haben, die Kosten eines Wiederaufbaus der Berliner und Potsdamer Schlösser zu berechnen. Auch in Warschau hatte man ja das Königsschloß der Polen, das von der SS beseitigt worden war, wieder aufgeführt, obwohl die abrückenden deutschen Truppen noch die Fundamente aus dem Erdreich gesprengt hatten: Niemand sollte je auf die Idee kommen, einen Bau wiederherzustellen, an dem sich polnisches Nationalgefühl entzünden könnte. Aber eben deshalb ließ es sich das vom Krieg verwüstete Polen Milliarden kosten, das alte Königsschloß aus dem Nichts noch einmal zu erfinden. Jetzt steht es erneut wie auf den Bildern von Canaletto, denen es übrigens nachgebildet wurde, ungeachtet aller Veränderungen im Laufe der Jahrhunderte. Die Nachahmung ist originaler als das Original selber.

Horst Sindermann, der ein halbes Jahr nach dem Sturz Honekkers verstorbene Ministerpräsident des ostdeutschen Staates, erzählte mit vielen Einzelheiten, wie man die Restauration des eben erst aus Preußenhaß Vernichteten vor der Bevölkerung zu begründen gedachte. Nachdem man jedoch in Moskau Chruschtschow davongejagt hatte, gab es den ersten Reformer im Kreml nicht mehr, und das Politbüro in Ostberlin konnte seinem Haß auf das alte Preußen wieder freien Lauf lassen.

Die Wiederherstellung des Gewesenen ist die eigentliche Frage, vor der Potsdam heute steht. Die Bürger sind gespalten; natürlich will jedermann das Holländische Viertel retten, das Honecker bis auf wenige Straßen zum Abriß freigegeben hatte, und es besteht kein Zweifel, daß ostdeutsche, westdeutsche und polnische Restaurateure auf Jahre hinaus alle Hände voll zu tun haben werden, das Verfallene in letzter Minute zu bewahren. Aber noch streitet man, ob auch das Verschwundene neu aufgeführt werden soll, die beiden Kirchen, deren Türme die Silhouette Potsdams über die Jahrhunderte hinweg unverwechselbar machten, die Adels- und Bürgerpalais', die der »Magistrale« weichen mußten, und vor allem das Stadtschloß.

Wie immer melden sich Puristen zu Wort. Das Wiederhergestellte sei nichts als ein Falsifikat, weil das Authentische den Bomben und Abrißbirnen ein für alle Mal zum Opfer gefallen sei. Als wenn nicht die Baugeschichte Europas voller Falsifikate wäre. Wobei man gar nicht den Kölner Dom ins Feld führen muß, der ein halbes Jahrtausend nach seiner Grundsteinlegung erst in der Mitte des 19. Jahrhunderts nach den alten Plänen zu Ende gebaut worden ist. Auch das Parlamentsgebäude in London hatte den Bombenkrieg nicht überstanden, und doch stand nicht einen Moment lang in Frage, daß man das Opfer des deutschen »Blitzes« nach dem Kriege rekonstruieren werde, obwohl es nur für die Stadtgestalt Londons, nicht aber für die Architekturgeschichte irgend etwas bedeutete. So hat man in Paris wie in Rom empfunden, und so handelt man eben jetzt in Lissabon, wo man das vom Brand vernichtete mittelalterliche Herz der Stadt nach alten Zeichnungen und Photos neu errichtet.

Die Wiederherstellung Potsdams wird ohne sein Stadtschloß und die Garnisonkirche nicht gelingen. Denn alles war hier auf sie bezogen; die Stadt im strengen Sinne kam erst später. Ganze dreitausend Einwohner besaß Potsdam, als Manhardt in der Mitte des 17. Jahrhunderts den dritten Schloßbau errichtete, und gerade fünftausend Bürger, Bauern und Fischer zählte die Stadt, als um 1700 de Bodt das vierte Schloß aufführte, dem dann Schlüter die Eckpavillons und den Marmorsaal hinzufügte. Noch einmal einhundertfünfzig Jahre sollten vergehen, bis Knobelsdorff ihm seine endgültige Gestalt gab, an der aber noch immer kräftig herumgebaut wurde, bis es nach der Revolution von 1918 als Museum genutzt wurde. Doch noch immer war das Schloß die Mitte Potsdams, und alles andere gruppierte sich um es herum. Heute ist eine Reihe von Bürgerhäusern geblieben, die wie verloren wirken und weit hinter dem Stadtbild Celles oder Wolfenbüttels zurückstehen.

Ulbricht und Honecker wußten schon, warum sie den Hochhäusern am Havelufer den Großen Architekturpreis ihres Staates verliehen. Nun sind sie es, die das Gesicht der Residenz beherrschen. Seine Seele aber wird Potsdam – und sei es eben als Kopie – nur wiederbekommen, wenn man ihm sein Schloß und seine alte Stadtgestalt, nämlich seine Straßenführung und seine Grachten wiedergibt. Dann wird man wenigstens als Erinnerung wissen, weshalb einst alle Welt hierher pilgerte, um ein Wunder an Stadt ohne große Architekturen zu besichtigen.

Und die alten Grachten, die einst inmitten so mancher Straße verliefen und in den sechziger Jahren zugeschüttet wurden? Will man nicht wenigstens jenen Kanal, der die Waisenstraße und die Straße Am Kanal durchzog und Potsdam über Jahrhunderte hinweg einen Anstrich von Amsterdam gab, wiederzugewinnen suchen? Preußens Dichter von Kleist bis Fontane haben ihn geliebt. Hier schlug das bürgerliche Herz der Stadt, und hier lag das Schauspielhaus, zu dem man einst fuhr, mit Kutschen oder in Gondeln.

Eines der schönsten Bilder der Berliner Secession, Ulrich Hübners Gemälde ›Am Kanal‹, zeigt dieses Theater von Carl Gotthard Langhans, das der Neffe Friedrichs des Großen, Friedrich Wilhelm II., gleich nach dem Tode des wenig geliebten Onkels am Kanal errichten ließ und das die in der feudalen Welt provozierende Inschrift trug: »Dem Vergnügen der Einwohner.« Ein Vierteljahrhundert nach dem Krieg ließ das Regime das nur mäßig beschädigte, wenn auch ausgebrannte Gebäude abreißen – aus unerfindlichen Gründen.

Das war die Kleinstadtwelt Potsdams, ein bürgerliches Gegenstück zu den aristokratischen Quartieren gegenüber des Schlosses. Beides ist nun versunken und damit jenes Potsdam, das auf unnachahmliche Weise drei Elemente in sich vereinigte: die höfische Gesellschaft der Schlösser, die Offizierswelt der Garnison und jene Beamtenschaft, die der Stadt zuletzt nach dem Untergang der Monarchie einen Hauch von Pensionopolis gab.

Potsdam ist mitunter das Weimar Preußens genannt worden. Aber dazu fehlte doch viel, vor allem das alteingesessene Bürgertum, das immer von dem nahegelegenen Berlin abgezogen wurde. Auch fehlten die Welt der Literatur, die Salons der Aristokraten, Juden und Bürger. Es gab keinen Wieland und keinen Herder, schon gar keinen Lessing und keinen Mendelssohn, von Goethe und Schiller zu schweigen. Nicht einmal einen E.T.A. Hoffmann oder de la Motte Fouqué hatte man, nur Architekten, Bildhauer und Maler, und auch die nur, solange der Hof sie beschäftigte. Aber sie gaben der Stadt eine künstlerische Atmosphäre, so wenig sie Künstler aus sich selbst hervorbrachte.

Ein Teil der alten Potsdamer Welt ist aber noch erhalten: die Fluß- und Seenwelt der Havel. Die Arno-Landschaft der Medici von Florenz ist eine der großen Kulturlandschaften Europas, und gleichen Ranges steht neben ihr die Loire-Welt mit den Schlössern und Villen der alten französischen Könige aus dem Geschlecht der Valois', das den Bourbonen vorausging. Chambord, Blois, Amboise, Chenonceaux, Azay-le-Rideau sind noch heute ein Wunder in der Flußlandschaft der Loire, vielleicht die kostbarste Verwandlung von Landschaft in Architektur, die die europäische Kulturgeschichte kennt.

Eine dritte Flußlandschaft, nicht gleichen Ranges, aber gleicher Art, steht neben diesen Anstrengungen, Natur in Kultur zu verwandeln: die Havelwelt von Potsdam. Von überall her grüßen die Schlösser, Villen, Landhäuser und Kirchen in die unvergleichliche märkische Landschaft: Henri Beyle, der französische Pfaueninsel-Liebhaber Stendhal, stellte diese Welt an Zauber neben die Borromeischen Inseln im Lago Maggiore, und er meinte damit nicht nur den Kranz der Schlösser, sondern auch die kleinen Kirchen an den Ufern der Havel, von St. Peter und Paul in Nikolskoe bis zur Heilandskirche am Port in Sakrow.

Das alles ist nur einen Steinwurf weit von dem ruinierten Potsdam bewahrt geblieben, und die in wenigen Jahrzehnten verfallenden Großplattenbauten Honeckers beeinträchtigen es nur vorläufig noch. Sie mögen da ihrem Zerbröckeln entgegensehen und die Erinnerung an die unselige Herrschaft des kommunistischen Regimes auf dem Boden der Potsdamer Kulturlandschaft noch eine Weile wachhalten.

Diese Welt zwischen dem Heiligen See und dem Jungfernsee und den milde sich weitenden Buchten der Havel, zwischen den Schlössern von Glienicke und Babelsberg auf der einen und Lindstedt und Paretz auf der anderen Seite des Flußlaufs, ist ein Ensemble voller Poesie. Hamburg hat seine Alster und München seinen Tegernsee, aber wenn irgendwo eine Landschaft dem Arno von Florenz und der Loire von Blois entgegengrüßt, dann ist es diese Havel, die Friedrich der Große entdeckte und der er bis heute seinen Stempel aufgeprägt hat.

Sanssouci war nach der Kronprinzenzeit Friedrichs Lieblingssitz, wenn Potsdam auch erst mit dem Neuen Palais wirklich eine königliche Residenz wurde. In die ehemaligen Weinberge hineingebaut, steht Sanssouci für die Sehnsucht des jungen Monarchen nach einem Arkadien in der Mark.

Das war der unvergleichliche Reiz des alten Potsdam. Ans Ufer der Havel gelagert, von Grachten durchflossen, erinnerte die Stadt von ferne an Venedig, Amsterdam oder St. Petersburg, weil hier das Wasser das eigentliche Material der Architekten gewesen war.

Die Spuren des Unheils steigerten fast noch die Poesie des Ortes. Die Ruine des ja nur ausgebrannten Stadtschlosses gab Potsdam noch Jahre nach dem Krieg Mitte und Halt.

Die Garnisonkirche war das Meisterwerk der vorfriderizianischen Epoche. Friedrich Wilhelm I. war in seinem haushälterischen Temperament kein Städtebauer gewesen, weder in Berlin noch in Potsdam. Einzig in dieser Kirche und in dem winzigen Jagdschloß ›Stern‹ gab sich sein Verlangen nach Schönheit zu erkennen.

Potsdam war durch den Bombenangriff vom April 1945 nicht zerstört, nur ausgeglüht worden; wer die Ruinenstadt durchwanderte, fand eine vertraute Landschaft vor.

Der Alte Markt mit Schloß, Nikolaikirche und Rathaus. Vergleichsweise gut erhalten war nur das Schloß, aber schon fünf Jahre nach dem Krieg mußte es einer »Magistrale« moskowitischen Stils weichen.

Das Holländische Viertel war nahezu unbeschädigt geblieben. Nicht den Bomben fiel sein größter Teil zum Opfer, sondern dem sozialistischen Traum moderner Großplattenviertel.

schaftsmagazin Wilhelm Spormann 62.
12. Glas

Die Grachten, untrennbar vom Stadtbild der kleinen Residenz, wurden 1967 zugeschüttet, womit Potsdam beides verlor: den Charme der Wasserstadt und die Trockenlegung des sumpfigen Bodens.

Das Schauspielhaus von Langhans war eines der frühesten Zeugnisse der Wendung zum Klassizismus. Wenig beschädigt, wurde es 1966 gesprengt.

Das Wasser war das eigentliche Element Potsdams, ob es nun in Grachten durch die Stadt floß oder in den Ausbuchtungen der Havel die Stadt säumte.

Die Heiliggeistkirche, unter Friedrich Wilhelm I. gebaut, war weniger durch ihre Schönheit als durch ihre Lage am Wasser unvergleichlich. 1960 wurde auch sie gesprengt.

Die geschundene Metropole

Die Geschichte der französischen Stadt ist in vielerlei Hinsicht die Geschichte von Paris. Erzählt man die Geschichte Londons, so hat man am Sonderfall die Geschichte des englischen Ausgreifens in die Welt gegeben. Früh sind die Rollen jener Städte als Handels- und Produktionszentren festgelegt, und beide Male zeichnet sich schon am Ende des Hochmittelalters ihr Metropolen-Charakter ab, weil sich in ihnen die wirtschaftlichen und politischen Kräfte des Landes zusammenziehen.

Nichts davon läßt sich für eine einzelne deutsche Stadt sagen. Die städtischen Zentren des Reiches verschieben sich mit jeder Epoche; den Handels- und Heeresstraßen folgend, überflügeln sie einander im Abstand weniger Generationen. Dies wäre fast ein Gliederungsprinzip der deutschen Geschichte: die römischen Gründungen von Trier über Mainz bis Köln; die großen Plätze des mitteldeutschen Raums im Zeichen der Sachsenkaiser, der Hohenstaufen und Welfen, von Naumburg und Bamberg bis Braunschweig und Magdeburg; die süddeutschen Handelsstädte von Augsburg über Regensburg bis Nürnberg, dann die Verschiebung der Handelswege vom Mittelmeer zum Atlantik, womit das Hochkommen Hamburgs und Bremens verbunden ist.

Zwei solche Verlagerungen bedeuten sogar tiefe Einschnitte im Lauf der deutschen Dinge. Eine davon ist die Ostverlagerung des 14. Jahrhunderts, als die europäischen Peripherien Ungarn, Böhmen und Polen nach vorn rücken und bedeutende Herrschergestalten die Szene betreten. Mit dem Aufstieg des östlichen Mitteleuropa aber ändert sich auch die deutsche Städtelandschaft. Der Ausbau wirtschaftlicher Verbindungen von Prag nach Frankfurt stellt Nürnberg in den Mittelpunkt des deutschen Straßennetzes; in weniger als einem Jahrhundert hat es Regensburg, Passau und Augsburg überflügelt, und mit ihm drängt der ganze fränkische Raum nach vorn.

Die Blüte der fränkisch-nordbayerischen Städte ist an die Handelsströme aus dem Südosten Europas gebunden, der östliche Mittelmeerraum war ihr Lieferant und Umschlagplatz. Mit diesem Wirtschaftsraum verloren sie Reichtum und Macht; die arabischen Kalifen waren Partner der zentraleuropäischen Handelsplätze gewesen, die osmanischen Sultane dagegen riegelten die Verkehrsströme ab. Sehr bald kamen dann die atlantischen Seewege hinzu. Der Fernhandel versetzte Venedig, Genua, Nürnberg und Lübeck oder Danzig an die Peripherie, und London, Amsterdam, Kopenhagen, Hamburg und Bremen zogen mit den Verkehrsströmen die wirtschaftliche Kraft und die politische Macht an sich.

Die Manufakturwelt des 18. Jahrhunderts entsteht nördlich der europäischen Mittelgebirge. Sèvres oder Wedgewood, Meißen, Berlin und Kopenhagen – selbst auf dem Felde der Porzellanmanufaktur sind jene Städte an den Rand gedrängt, die Jahrhunderte hindurch Zentren des Kunsthandwerks waren. Das industrielle Zeitalter wird diese Nordentwicklung beschleunigen und mit dem Zug zu Millionenstädten auf die Spitze treiben. Das anbrechende Zeitalter der Mikroelektronik könnte deshalb auch im Hinblick auf die städtische Kultur erneut eine Umkehr bringen; von Kalifornien bis Württemberg sind es die Sonnenzonen, in denen sich die Zukunftsindustrie auf Kosten der alten Ballungszentren niederläßt.

Dies alles muß man beim Blick auf jene Stadt im Auge haben, die die deutschen Geschicke während der letzten zwei Jahrhunderte bestimmt hat. Berlin ist spät, im Grunde erst am Ende der Neuzeit, in den Kreis der großen Städte getreten, und zur europäischen Metropole im Sinne von Paris und London wurde es nicht vor der zweiten Hälfte des 19. Jahrhunderts. Als Berlin auf den Höhepunkt seiner selbst gekommen war, war der Kumulationspunkt Deutschlands wie Europas im nationalstaatlichen Sinn schon überschritten; mit der Überdehnung der Macht kollabierten die Stadt und das Reich, das von ihr aus regiert worden war.

Im Geschwindschritt führt Berlin daher Entwicklungen vor, die anderswo Jahrhunderte brauchen. Das macht es, bei allem Ausnahmehaften, beispielhaft für die kurze Nationalgeschichte der Deutschen und in dieser Hinsicht repräsentativer und interessanter als die alten Kaiserstädte an Rhein und Donau.

Dies gilt schon für die Kurzatmigkeit seiner Entwicklung. Weil alles so schnell geht, verzehrt in Berlin jede Epoche die vorausgegangene. Während die alten Hauptstädte von Rom über Wien bis Paris und London um die antiken oder mittelalterlichen Stadtkerne, Jahresringen gleich, die neuen Viertel ansetzen, so daß sich noch heute beim Spaziergang am Wechsel von Renaissance, Barock, Empire und Historismus der Wechsel der Zeiten ablesen läßt, entwirft Berlin sich alle dreißig Jahre neu, wozu es das Gestern beseitigen muß. Das gibt ihm das Künstliche auch in der Stadtgestalt.

Das friderizianische Berlin hält kaum bis zum Ende des 18. Jahrhunderts vor. Danach ist die vorwiegend zweigeschossige, auf weite Strecken sogar nur eingeschossige Bebauung durch Abriß oder Aufstockung verwandelt. Daß Berlin erst im 17. und 18. Jahrhundert vom Holz zum Stein als Baumaterial übergeht, erfährt man aus zeitgenössischen Berichten über Brandkatastrophen; dann werden einzelne Häuser vom Feuer verschont, »dieweilen sie aus Steinen gemauert«.

Aber auch dieses Berlin ist um die Mitte des nächsten Jahrhunderts nahezu unkenntlich geworden. Wie zeitgenössische Bilder zeigen, nimmt die Stadt in der kurzen Spanne Friedrich Wilhelms III. ein klassizistisches Gepräge an. Vom Kopfbau des Prinzessinnen-Palais bis zur Neuen Wache schieben sich Bauten »in griechischem Stile« in die Anlage des 18. Jahrhunderts hinein. Zur Zeit Friedrichs hatte das hölzerne Brandenburger Tor eine ländliche Seitenbebauung: Die Biedermeier-Aquarelle des Pariser Platzes dagegen halten neben dem Tor von Langhans und der Quadriga von Schadow die Häuser von Schinkel und dessen Schülern fest.

Ein anderes Beispiel für die Kurzlebigkeit alles Berlinischen: Die deutschen Künstler in Rom leben um 1900 in denselben Straßen und Häusern wie um 1800; noch heute stehen dort Häuser, in denen Goethe und Humboldt, Thorwaldsen und Rauch, Hauptmann und Thomas Mann wohnten. In Berlin sind die Häuser, in denen Lessing, E.T.A. Hoffmann und Jean Paul wohnten, schon nach wenigen Jahrzehnten abgerissen und durch Gebäude »im neuen Geschmack« ersetzt worden.

Die Tagebücher der Berlin-Reisenden im 18. und 19. Jahrhundert geben denn auch alle paar Jahrzehnte das Porträt einer anderen Stadt, und selbst jene Bauwerke, die erhalten bleiben, nehmen ständig ein neues Gesicht an. Der kurfürstliche Marstall, 1690 unter dem Großen Kurfürsten erbaut, wird schon 1749 durch Friedrich den Großen »embellezziert« und beherbergt nun auch die Akademie, woher der Ausdruck kommt, daß in Berlin die *Mulis* neben den *Musis* wohnen. Die Domkirche am Lustgarten, gerade erst unter Friedrich Wilhelm II. an die Stelle der alten Hofkirche getreten, wird schon 1817 durch Schinkel gänzlich umgestaltet, und ähnlich ergeht es allen Häusern zwischen Wilhelmplatz und Neuem Markt.

Aber das Nebeneinander so verschiedenartiger Bauten wie Schlüters Schloßfront, Langhans' Lindenpalais und Schinkels Altem Museum fügte sich dennoch bis über die Mitte des vorigen Jahrhunderts zu einem unvergleichlichen Prospekt zusammen – der glänzendsten Perspektive, wie man die »Linden« nach Petersburger Vorbild nannte. Das kam daher, daß hier alles auf die Antike bezogen war und barocke Rom-Verehrung und klassizistische Griechenland-Schwärmerei so weit voneinander nicht waren. Ist nicht das 1695 von Nering entworfene Zeughaus in mancher Hinsicht ein klassischer Bau, lange bevor es die Klassik gibt?

Die Hedwigskirche, von Friedrich selber nach dem Modell des römischen Pantheon und Palladios Villa Rotonda gezeichnet, ist das eindruckvollste Beispiel friderizianischer Antikenrezeption. Das Brandenburger Tor von Langhans war eine märkische Replik auf die Propyläen, wie auch Gillys Friedrichsdenkmal hellenische Erinnerungen heraufbeschwor. Für die Domkirchen auf dem Gendarmenmarkt aber waren das Vorbild die Zwillingskirchen der Piazza del Popolo, die städtebaulich ja schon die Erschließung der Südlichen Friedrichstadt durch die vom »Rondeel« ausgehenden Alleen inspiriert hatte.

Schaut man näher hin, so schimmert durch das Straßen- und Platzgefüge Berlins überall das antike und römische Muster durch, und zu den Tragödien des Wiederaufbaus nach dem letzten Krieg gehört die Unkenntnis oder Rücksichtslosigkeit, mit der sich die Planenden darüber hinweggesetzt haben. Besonders gewaltsam ist auch in dieser Hinsicht Hans Scharoun verfahren, der die überkommene Stadt abschaffen wollte, um das als verderblich empfundene Häusermeer durch eine am Urstromtal der Spree orientierte »Stadtlandschaft« zu ersetzen. Diese nicht sichtbare, nur wißbare eiszeitliche Senkung zwischen den Müggelbergen im Osten und den Haveldünen im Westen ist das städtebauliche Ordnungsprinzip des Wiederaufbaus während der entscheidenden Jahrzehnte der Nachkriegszeit gewesen; Historie wurde durch Erdkunde ersetzt. Scharoun erhob den Neandertaler zum Generalbaumeister Berlins.

Er kümmerte sich nicht darum, daß der westliche Teil Berlins einzig in der Südlichen Friedrichstadt an der städtebaulichen Erbschaft der ersten beiden Könige und damit an der Substanz des preußischen Berlin teilhatte. Wie er den barocken Belle-Alliance-Platz seiner historischen Gestalt und Funktion beraubte, indem er die sternförmig von ihm ausgehenden Straßen abknickte und eine der großen Platzanlagen des 18. Jahrhunderts zu einem kleinstädtischen Spielplatz machte, so hat Scharoun die alte Potsdamer Straße, das Herzstück der Reichsstraße 1 von Aachen nach Königsberg, kurzerhand im Tiergarten enden lassen, um seine Staatsbibliothek, einen Westwallbunker mit Goldlamé, darauf zu setzen.

Aus dem Belle-Alliance-Platz, der eine Schlacht im Gedächtnis halten sollte, in der Preußen auf der richtigen Seite gestanden hatte und zudem noch siegreich geblieben war, wird also nach der Revolution der Mehringplatz, zu Ehren eines höchst geistreichen sozialistischen Theoretikers, dessen Namen die Kinder heute im Lexikon nachschlagen müssen. Aber hat man nicht 1945 zwei der traditionsreichsten Straßen Berlins, die Tiergartenstraßen Unter den Zelten und Hofjägerallee, ebenfalls umbenannt in John-Foster-Dulles-Allee und Klingelhöferstraße? Geschichtsvergessenheit prägt den Umgang der Stadt mit den Fassaden der Häuser wie mit den Namen der Straßen.

Der Potsdamer Platz, den heute alle Welt wiedergewinnen will, wird nie mehr seine alte Bedeutung gewinnen können, nachdem man gestern seiner Abschaffung zugestimmt hat. Speer und Scharoun, was immer sie sonst trennte, sind die Zerstörer des historischen Berlin, und man muß nur beider Berlin-Pläne aus dem Ende der dreißiger und der vierziger Jahre nebeneinanderlegen, um geradezu schlagend die Rücksichtslosigkeit zu sehen, mit der hier beide Male die historische Stadt der Vision der jeweils erträumten Zukunft geopfert wird.

Vielleicht sollte man sagen, daß Berlin einzig in dieser Vernichtung des Überkommenen sich selber treu geblieben ist. Als Friedrich II. im Siebenjährigen Krieg Dresden durch ein Bombardement in Schutt und Asche legte, dem an Bedenkenlosigkeit nur die Zerstörung Kopenhagens durch die englische Flotte während der Napoleonischen Kriege gleichkam, galt die sächsische Residenz als die prächtigste Stadt nördlich der Alpen. Ein halbes Jahrhundert später hatte Berlin nicht nur den Ruhm Weimars verdunkelt, sondern auch den Glanz Dresdens. Für eine flüchtige Stunde war es dabei, Europas schönste Stadt zu werden.

Berlin hat dies alles selber zunichte gemacht, in der Politik wie in der Architektur. Denn die erste Vernichtung der alten Hohenzollernstadt kam nach der Gründung des Deutschen Reiches in den dreißig Jahren zwischen 1880 und 1910. Der Renaissanceismus, der in den sechziger Jahren über Berlin hereingebrochen war und der nun wieder die klassizistische Stadt demolierte, hatte zwar schon deutliche Fremdkörper in die Physiognomie Berlins gebracht, aber doch ein gewisses Maß an ästhetischer Diskretion bewahrt, was die Proportion der Baumassen anlangte. Noch immer beherrschten das Schloß und das Zeughaus die Stadt, und was das 19. Jahrhundert eingefügt hatte, zeigte eine Sensibilität für das Zulässige, die über das Formenrepertoire hinaus vielleicht die größte Leistung der Schüler Schinkels, Persius und Stüler, war.

Erst mit den achtziger Jahren des vergangenen Jahrhunderts geht dieser Sinn für das Angemessene verloren. Daß für Raschdorffs Dom einst Schinkels Domkirche und für das Wallotsche Reichstagsgebäude das Palais Raczynski abgerissen wurde, ist nichts Neues; Knobelsdorff und Schinkel hatten für ihre Planungen ebenfalls das Vorausgegangene beseitigt. Aber ihr Genie hatte sich auch darin zu erkennen gegeben, daß der eine mit der Oper das Forum Fridericianum im Auge hatte und der andere mit dem

Alten Museum den Lustgarten. Nobles war für ihre Dinge gefallen, aber Bedeutendes an seine Stelle getreten. Das wichtigste blieb, daß Platzraum und Raumgefüge jeweils bewahrt und gesteigert wurden.

Damit war es jetzt vorbei. Die an der Wende zum 20. Jahrhundert aufgeführten Monumente der wilhelminischen Ära – Dom, Reichstag und Staatsbibliothek – brachten jenseits dessen, was sie für sich selbst bedeuteten, eine schwere Beschädigung ihrer Nachbarschaft. Der Kaiser, der sein Geschlecht so liebte, daß er seine Dynastie durch eine Allee von Standbildern feierte, löschte deren Stadt gewordenes Bild aus. Am Ende ist seine Residenz nur noch ein Häusermeer.

Eine Paradoxie der Geschichte scheint zu wollen, daß eine Epoche die Stürme der Kriege immer nur auf ihrem banalsten Niveau überdauert. Das klassische Deutschland sank dahin, aber Nürnbergs Parteitagsgelände, Münchens Braunes Haus und Berlins Reichskanzlei überlebten das Reich, das sie verewigen sollten. So ragten 1945 aus den Bergen von Trümmern auch weitgehend unzerstört die Dokumente des Wilhelminismus hervor, Raschdorffs Dom, Wallots Reichstag und Ihnes Staatsbibliothek. Immer hatte man gefunden, daß die wilhelminischen Kolossalbauten durch ihre maßstablose Größe die Umgebung, die Kroll-Oper, das Prinzessinnenpalais und die Schloßfront, beeinträchtigten; nun sind diese in den Schutt gesunken, und die historistischen Zutaten von einst sind selber historisch geworden.

Wie in die altmärkischen Regimenter zum Mißvergnügen Fontanes die westlichen Prinzen und östlichen Magnaten drängten, so schob sich jetzt in die Kargheit der alten Residenzstadt der Geist der neuen Metropole, deren Sinn auf »Prachtgebäude« ging, wie eine der Lieblingsvokabeln in Robert Springers Berlin-Führer aus dem Jahre 1877 lautete. Heute wird immer wieder davon gesprochen, daß der Zweite Weltkrieg das alte Berlin ausgelöscht habe. Aber dieses Berlin war auf weite Strecken hin längst vernichtet, bevor man vom Ersten sprach. Vergleicht man Stiche aus der Reichsgründungszeit mit Photographien vom Vorabend des Weltkrieges, so springt es in die Augen, wie das alte Berlin der fünf Residenzstädte von der Königstadt im äußersten

Osten bis zur Dorotheenstadt im weitesten Westen in der kurzen Spanne zwischen dem Deutsch-Französischen Krieg und dem Ersten Weltkrieg durch ein Neubaufieber ausgelöscht worden ist, das die Entwicklung der Königsresidenz zur Kaisermetropole architektonisch ausdrücken wollte.

Vom Belle-Alliance-Platz kann man schon um 1900 bis zum Alexanderplatz gehen, ohne mehr als ein halbes Dutzend Häuser aus Berlins klassischer Zeit zu finden. Einzig das Kollegienhaus, das spätere Kammergericht und jetzige Berlin-Museum, erinnert noch daran, daß dies eine Anlage ist, die Friedrich III. noch als Kurfürst entworfen hatte, um sie nach seiner Krönung als König Friedrich I. ausführen zu lassen. Am Gendarmenmarkt aber wird die Randbebauung, die ganz auf die Masse der zentralen Bauten bezogen war, zum ersten Mal niedergelegt, und Schinkels Schauspielhaus wie der Deutsche und der Französische Dom werden zwischen sechsgeschossigen Geschäftsgebäuden eingezwängt.

So wird in wenigen Jahrzehnten ein Raumgefüge zerstört, das eben noch mit der Place des Vosges und der Piazza Navona um den Ruhm stritt, Europas schönster Platz zu sein. Der Alexanderplatz, einst als »Ochsenplatz« zu den ländlichen Barockräumen Berlins zählend, ist bis in das Platzgeviert hinein nicht mehr erkennbar. Die erste Republik hatte alles Recht, die besten Köpfe des zeitgenössischen Bauens für seine Erneuerung zu bemühen. Die idealistischen Utopien Mies van der Rohes und Luckhardts, die Bomben der Alliierten und der provinzielle Avantgardismus der auch in dieser Hinsicht verderblichen kommunistischen Ära haben dann gemeinsam jene öde Großmannssucht zustande gebracht, die den heutigen Alexanderplatz kennzeichnet.

Die Stadt, die sich anschickte, den älteren und legitimeren Kapitalen Europas den Rang abzulaufen, gibt es schon zwei Generationen später nicht mehr. Natürlich hat dieser Vandalismus, der gegen sich selber gerichtet ist, mit der Jugendlichkeit der Spreestadt zu tun. Von Rom über Paris und London bis hin zu Wien sah man sonst überall auf alte Größe zurück, und die Bourbonen konnten so gut wie die Bonapartes, die Orléans' und die Präsidenten der Republik in den Schlössern der Valois' residieren. Berlin dagegen mußte sich ja tatsächlich alle paar Generationen neu konzipieren. Eben noch war es Markgrafenstadt gewesen, dann brandenburgische Kurfürstenresidenz, jetzt preußische Königsstadt und über Nacht nun Kapitale des Reichs. Am Ende sollte es zur Welthauptstadt Germania gemacht werden.

Anfang der sechziger Jahre des 19. Jahrhunderts, als Bismarck die Szene betritt, gewinnt Berlin alle zwei Jahre so viel an Einwohnern, wie es unter Friedrich überhaupt nur besessen hat. Edinburgh hatte eine achtgeschossige und Genua eine sechsgeschossige Bebauung, als in Berlin selbst die königlichen Prinzen in zweigeschossigen ländlichen Stadthäusern lebten. Die Handelsstädte Köln, Hamburg und Danzig waren im Mittelalter reicher an Gütern und Menschen als Berlin zu jenem Zeitpunkt, da sein Herrscher sich zum König krönte. Noch zur Zeit der Schlesischen Kriege, als es halb Europa widerstand, lag Berlin an Einwohnerzahl, Wirtschaftskraft und Volksvermögen weit hinter Palermo und Lissabon zurück. Es war wirklich der Parvenü unter den Städten Europas, aber nur noch eine kurze Frist, dann machte es von sich reden durch das Ungestüm, mit dem es der militärischen Bravourtat die geistigen und künstlerischen Geniestreiche folgen ließ; übrigens auch die architektonischen.

Die ständigen Brüche und Neuanfänge kommen auch aus der Kürze der historischen Erinnerung und damit des städtischen und staatlichen Selbstverständnisses. Was hatte sich denn schon in den Gebäuden begeben, die man nach ein paar Jahrzehnten immer wieder abriß? Welche historischen Reminiszenzen knüpften sich an Plätze, die gestern noch Exerzierfelder oder Domänen gewesen waren? In Paris war hier der Günstling des Kardinals vergiftet worden, dort hatte Ravaillac Henri IV. erstochen. In Berlin sprach man vom »historischen Fenster«, weil sich der Kaiser in den achtziger Jahren des 19. Jahrhunderts dort zur Wachablösung sehen ließ.

Der vorübergehende Glanz Berlins kam fast nur aus der architektonischen Schönheit, wo er bei den anderen aus geschichtlicher Vergangenheit kam, und da die Zeit das Bestehende nicht legitimierte, war auch der Schönheit keine Dauer gegeben. Am Ende des 19. Jahrhunderts beginnt man, von der Häßlichkeit Berlins zu reden.

Sonderbar ist, daß vorher fast keiner die Selbstzerstörung der

Stadt gesehen hat. Die nahezu vollständige Planierung des alten Berlin zwischen 1880 und 1910 – die größte Zerstörung, die Berlin je erlebt hat – , ging unter allgemeinem Beifall vonstatten, und erst am Ende des Vernichtungswerks mehrten sich die Stimmen, die den Untergang von Unersetzlichem beklagten.

Die Gewohnheit im Verleugnen des Gestern nimmt nach den Zerstörungen des Zweiten Weltkrieges eine neue Qualität an. Bisher hatte jede neue Generation die Strukturen der alten Stadt respektiert, so revolutionär Knobelsdorff beim Bau der Oper, Schinkel beim Alten Museum und Messel im Falle des Kaufhauses Wertheim mit dem Überkommenen auch umgegangen waren. Nur ihre Bebauung hatte alle dreißig Jahre – dynastische und sakrale Plätze ausgenommen – dem jeweils Neuen weichen müssen; legt man Stadtpläne aus dem 17., 18. und 19. Jahrhundert nebeneinander, so fällt auf, wie das Muster der inneren Stadt über Abriß und Aufbau hinweg dasselbe bleibt.

Nun aber, angesichts der Zerstörungen des Bombenkrieges und des Straßenkampfes, machte man sich daran, die Stadt als solche neu zu entwerfen. Nicht nur im ersten Berlin-Plan von 1946 – der noch im alten Stadtschloß Unter den Linden präsentiert wurde – konzipierte man eine gänzlich neue Mitte, in der die erhaltenen Reste des Alten nicht mehr als historische Accessoires waren. Auch der letzte, ganz Berlin meinende »Hauptstadt-Wettbewerb Berlin« aus dem Jahr 1958 ging davon aus, daß die historische Stadt nicht erhaltenswert sei.

Von Le Corbusier und Scharoun bis zu Peter und Alison Smithson waren sich fast alle Teilnehmer einig, daß man die Stadt nicht wiederherstellen wollte. Die internationale Avantgarde legte Pläne vor, die vom Abriß der durch den Krieg gekommenen Restbestände des alten Berlin ausgingen, zwischen denen Betonpisten liefen, die Scharoun »Verteiler«, »Anbinder« oder »Erschließer« nannte. Berlin als Stadt sollte durch Reihungen von Hochhäusern ersetzt werden, zwischen denen sich Parkanlagen dehnten. Die Geschichte hatte Berlin in das Desaster geführt; nun sollte die Geschichte abgeschafft werden. Eine neue Zeit wollte sich neue Gehäuse für eine neue Gesellschaft entwerfen.

Das gibt allem nach 1945 einen antihistorischen Grundzug,

von der Literatur bis zum Städtebau. Wie man in der Geschichtsschreibung die Ereignisgeschichte verwirft und durch die Sozialgeschichte ersetzt, so wendet man sich im Städtebau gegen die historische Stadtplanung und erfindet sie sich neu. Es ist kein Zufall, daß die Gründer der »Gruppe 47« davon sprachen, Tabula rasa auch auf dem Felde der Literatur zu machen; sonderbarerweise hatte man die Empfindung, außerhalb der Geschichte zu stehen und mit einer »Stunde Null« ganz von vorn zu beginnen.

Das ist kein eigentümlich deutscher Traum, der allein aus der Erfahrung des Scheiterns käme. Lange vor den Ereignissen träumte Corbusier davon, das unordentliche Gewirr des alten Paris abzureißen, um an seine Stelle ein rationales System von Hochhäusern zu setzen, und ein Menschenalter nach der Katastrophe entwarf Frank Lloyd Wright Wolkenkratzer von tausend Meter Höhe, die der Bevölkerung einer ganzen Stadt Quartier geben sollten. Visionen dieser Art standen hinter der Konzeption von Städten wie dem Märkischen Viertel, dessen ursprüngliche Planung ja auf wirkliche Hochhäuser hinausgelaufen war.

Selten ist Städtebau so stadtfeindlich gewesen wie in dem Vierteljahrhundert, vor dem angesichts des Trümmerhaufens von 1945 nicht nur eine materielle, sondern eine geistige Aufgabe ohnegleichen stand. Zwei Generationen später bestreitet kein Vernünftiger mehr, daß Berlins Wiederaufbau mißlungen ist, aber das betrifft nicht nur den ästhetischen Fehlschlag. Am Ende dieser zweiten Gründerzeit wird man vor allem nicht sagen können, daß die Stadt ihrer Herausforderung gedanklich gewachsen gewesen sei; das intellektuelle, nicht das ästhetische Versagen macht das Scheitern Berlins aus.

Die Tragödie des Wiederaufbaus nach diesem Krieg besteht deshalb nicht allein in der Mediokrität des Gebauten, sondern auch in der historischen Rücksichtslosigkeit seiner Planung: Quartiere, die das Feuer nur ausgeglüht hatte und die Berlin so leicht hätte wiederherstellen können wie Hamburg seinen Alsterbereich oder München das Quartier zwischen Feldherrnhalle und Siegestor, hat die Stadt um einer Utopie willen abgerissen, die den Nachgeborenen gespenstisch anmutet. So wurden ganze Straßenzüge und Plätze beseitigt, deren geschwärzte Fassaden

den Spaziergängern noch in den frühen fünfziger Jahren einen Begriff und eine Empfindung vom alten königlichen und neuen kaiserlichen Berlin vermittelt hatten und von der bürgerlichen Weltstadt, zu der sie die Republik dann gewendet hat.

Dies war weitaus schlimmer als das Wüten gegen den Stuck, die klassizistischen und barockisierenden Fassaden. Nun wurde die Zerschlagung der historischen Substanz selber vom Staat subventioniert, der sich all dies im Namen des Programmes »Abriß für den Wiederaufbau« größere Beihilfen kosten ließ, als sie dem Landeskonservator ein Vierteljahrhundert später für die Rekonstruktion der stehengebliebenen Reste des gestern noch verachteten alten Berlin im Rahmen eines Programms zur »Stadtbildpflege« zur Verfügung stehen.

In den ersten Nachkriegsjahren hatte man im Westen wie im Osten wenigstens noch das Ganze der Stadt im Auge, was sich am deutlichsten in der Verkehrsplanung der beiden Stadthälften zeigte, deren künftige Verkehrsströme von einem gemeinsamen innerstädtischen Autobahnnetz gelenkt werden sollten, obgleich sie verschiedenen politischen Administrationen unterstanden.

Zuerst war die Stalinsche Palastarchitektur über den Osten gekommen, wie sie überall den Herrschaftsbereich Moskaus prägte, in Wilna wie in Sofia; von der alten Stadtmitte wurde als »Stalinallee« eine Triumphstraße nach Osten gezogen. Damit wurde nicht nur den Enkeln des Bauhauses eine Absage erteilt, die bis dahin auch im sowjetischen Teil des besetzten Landes die entscheidenden Plätze der Bauverwaltungen innehatten, wenn sie wie Henselmann mit seiner Stalinallee die Doktrinen aus Moskau nur gehorsam befolgten. Auch die Wiedervereinigung der beiden Stadtteile war stadtplanerisch ad acta gelegt, denn zugleich machte man sich daran, das verbindende Straßen- und Platzsystem aus der Planung der sozialistischen Hauptstadt auszuscheiden.

Im Westen Berlins dagegen hielt man noch lange an diesen Hoffnungen fest. Man legte Stadtautobahnen an, deren gedachte Fortsetzung jenseits der Grenze ins Nichts lief, und man baute ein Kulturzentrum, das angesichts der Mauer längst kein Zentrum des Ganzen mehr bilden konnte, sondern an die Peripherie der einen Hälfte gerückt war. Bei ihrer 750-Jahr-Feier hatte die

Stadt dann zwei Zentren – zwei Kulturforen, dort das Friderizianische, hier das Scharounsche, zwei Hochschulkomplexe und zwei kaum mehr aufeinander bezogene Verkehrssysteme. Nach der Vereinigung der Stadt wie des Landes zeigt sich, daß das Zentrum keine Mitte gewesen ist; nun müssen Sonderbusse aus beiden Teilen der Stadt die Besucher der Bibliotheken, Museen und Konzertsäle heranschaffen, weil sie selber im Nichts liegen.

Und dennoch waren sich die beiden Stadthälften in all diesen Jahrzehnten sonderbar nahe. Man dachte zwar in verschiedene Richtungen, aber auf dieselbe Weise. Auf den Trümmern der Architektur des Dritten Reiches, die im Osten das Ministerium Görings hinterlassen hatte, in das Ulbricht mit seinen Ministerien eingezogen war, und im Westen den Flughafen Tempelhof, das Verteidigungsinstrument der Luftbrückenzeit, erhoben sich die Überlebenden der Avantgarde von 1930 – der Bauhaus-Schüler Henselmann als Stadtarchitekt drüben, der Bauhaus-Antipode Scharoun als Akademiepräsident hier.

Es läßt sich nicht entscheiden, wer verheerender für Berlin gewirkt hat. Nur daß jener zwar ein leidlicher Stadtplaner, aber ein belangloser Architekt, dieser dagegen zwar ein verderblicher Städtebauer, jedoch ein großer Architekt gewesen ist. Von Scharoun als Vorsitzendem des Planungsbeirats und Präsidenten der Akademie zeugen seine Hinterlassenschaften: Kulturforum, Charlottenburg-Nord, Mehringplatz und das von ihm den Gremien ans Herz gelegte Märkische Viertel. Die Erbschaft des Städtebauers Scharoun – ein einziges Desaster.

Dann kam auf beiden Seiten die große Wendung – drüben zur Imitation Moskaus, hier zur Nachfolge des englischen *New Brutalism* und der französischen Corbusier-Schule: Moskauer Kulturpaläste von Warschau bis Bukarest und eine *cité radieuse* nicht nur in Marseille, sondern auch am Olympia-Stadion. Aber die ökonomischen Zwänge und die industriellen Möglichkeiten machten auch das zu einem Zwischenspiel, im Osten wie im Westen, Stalins Zuckerbäcker-Architektur überlebte sich ebenso wie Corbusiers Wohnmaschine.

Serienfertigung hielt Einzug in beide Stadthälften und mit ihr die Großplatten-Bauweise in jeweils verschiedener Gestalt; die

Stadtrandgebirge, die im Westen das Märkische Viertel und im Osten Marzahn darstellen, signalisieren beide Male die Abkehr vom Maß der zwanziger Jahre. Wer sich heute mit dem Flugzeug der Stadt nähert, vermag aus ein paar tausend Meter Höhe nur an der formalen Qualität der Architekturen zu erkennen, über welchem Teil er sich befindet. Aber die ästhetischen Unterschiede hatten auch mit dem ökonomischen Niveau zu tun, wie ja auch in der einen Stadthälfte die Trabanten und in der anderen die Volkswagen fuhren.

Auch das ging Ende der siebziger Jahre zu Ende, und wieder kam der Umschlag fast gleichzeitig. Nicht nur, daß man nun in beiden Teilen begann, die gestern noch demolierten Fassaden zu restaurieren, so daß hier der Landeskonservator, dort der Denkmalpfleger neue Bedeutung gewann. Die Rehistorisierung des Stadtbaus brachte sich auch im Neuen zur Geltung, und plötzlich sehnte man sich hier wie dort nach neuer Straßenrandbebauung und traditionellen Platzarealen mit Arkaden oder Kolonnaden. Als die Stadt ihr Jubiläum feierte, wußte man an manchen Plätzen nicht, wo man sich befand – von überallher grüßten Hohenzollern zu Pferde und Generäle auf Postamenten, und Fasanenstraßen-Bereich hier, Nikolaiviertel dort suchten, leider zu spät, wenigstens einen Schimmer des Alten wiederherzustellen.

Die Utopie einer rein aus der Vorstellung konzipierten Stadt war angesichts von Gropiusstadt im Westen und Hellersdorf im Osten verflogen, und die überkommene Physiognomie der Kolonialstadt zwischen Spree und Havel wurde wieder sichtbar. Die neue Arkadenrandbebauung des alten Gendarmenmarktes führte ganz zum Schluß noch vor, in welche Richtung die Träume der untergehenden Honecker-Welt gingen.

So hatte sich noch einmal das Gestaltgesetz einer Stadt bewährt, die sich alle drei Jahrzehnte neu entwirft. Auch diesmal wieder ist sichtbar geworden, daß der Organismus Berlins aus den Brüchen lebt, dem ständigen Wechsel von Neuanfang und Bewahren. Im Osten hat der Denkmalpfleger den Schutz der Stalinallee übernommen, im Westen kämpft der Landeskonservator um die Erhaltung der gebauten Dokumente des Nierentischstils, indem er die sinnlose Verkehrsinsel am Kurfürstendamm unter Denkmalschutz stellt. Die Geschichte ebnet die Eruptionen allmählich ein und besiegt die Ideologien, deren Ausdruck sie waren.

Wie diese selber abgetreten sind, so verlieren nun die Bilder an Kraft, die zwei Jahrhunderte lang Preußens Bauwillen inspiriert haben. Es gab tatsächlich so etwas wie Moeller van den Brucks »Preussischen Stil«, den Julius Posener von Gilly und Schinkel bis Behrens und Messel reichen läßt, mit Taut und Mies van der Rohe als später Nachblüte. Dieser eigentlich »preussische« Elan – denn vorher baute man deutsch, hinterher aber regional ungebunden, weshalb man denn völlig zu Recht vom »internationalen Stil« spricht – ist mit Preußen selber verbraucht.

Als der Staat 1947 für aufgelöst erklärt wird, beginnt Gesichtslosigkeit auch vom Bauen Besitz zu ergreifen. Nun wechseln die Moden alle paar Jahre; der franco-preussische Stil Gillys und Schinkels hatte noch zwei Generationen angedauert, seine Wendung in die eigentliche Modernität von Messel bis Mendelsohn hielt zumindest noch eine Generation vor. Nun kommt ein Einfluß nach dem anderen, und jeder wird bereits nach einem Jahrzehnt vom nächsten abgelöst. Was hat Schwippert schon mit Behnisch zu tun, was Eiermann mit Schüler?

Die Baugeschichte Berlins wird in der Nachkriegszeit von Leitbildern geradezu gejagt; der Altmoderne folgt die Vulgärmoderne und dieser dann eine Postmoderne, die nun gar kein verbindlicher Stil mehr sein will, sondern sich ihre Anleihen überall herholt. Ausgebrannt ist das Stilreservoir, das in dem halben Dutzend Berlin-Plänen benutzt wird, die in der kurzen Zeit seit der neugewonnenen staatlichen Einheit vorgelegt wurden. Nur eins ist sicher: Die großen Modelle sind schal geworden, und die Konzeptionen der Väter haben ihre Verbindlichkeit verloren. Auf den Reißbrettern sind die verschiedenen Wettbewerbsentwürfe nebeneinander zu sehen, aber man weiß nicht, worauf sie hinauslaufen und welcher Begriff von Stadt ihnen zugrunde liegt. Entdeckt jemand in diesen Plänen noch jene »Geistigkeit«, die Humboldt an Schinkels Vision für ein neues Berlin so rühmte?

Nicht die Kühnheit des Avantgardistischen macht die Misere des Heutigen aus, sondern daß man ohne Inspiration und auf banale Manier an einer kommerzialisierten Vulgärmoderne festhält. Der Wiederaufbau der geschundenen Metropole war die größte Bauanstrengung Deutschlands im letzten halben Jahrhundert, aber man weiß nicht, was man Ausländern vorweisen soll, wenn sie nun anreisen, um die vereinigte Stadt in Augenschein zu nehmen – außer zwei Greisen-Werken, die wie aus den zwanziger Jahren in die Gegenwart versetzt erscheinen, der Philharmonie und der Neuen Nationalgalerie. Das ist ein wenig dürftig als Leistung von zwei Generationen.

Die Stadt Schinkels muß Abschied nehmen von vielem Vertrauten, vom uralten Deutschland, vom alten Preußen und von jenem inspirierenden Genius, der über zwei Jahrhunderte hin Berlins Bauwillen beflügelte. Im 21. Jahrhundert können nicht mehr das Alte Museum Schinkels, die Turbinenhalle von Peter Behrens oder Scharouns Staatsbibliothek das Vorbild sein, an das man anzuschließen sucht. Die Stadt und ihr Bauen haben nur die Möglichkeit, jene Kühnheit in der Neuerfindung zu beweisen, die einst den »Preussischen Stil« kennzeichnete. Entschlossen müssen sie den Schritt in das neue Jahrhundert tun, in dem all das gebaut werden wird, was jetzt noch Planung ist.

Die gläserne Pyramide im Hof des Louvre, die Bank von Hongkong, das Lloyd's Versicherungsgebäude in London und selbst der neue Triumphbogen von La Defense – das sind die Exempel, die Berlins Bauen inspirieren könnten, und nicht die längst zur Provinzialität verkommene lokale Tradition. Haben denn Gilly und Schinkel, Behrens und Mies nicht in vergleichbarer Radikalität mit dem Vertrauten gebrochen? In den letzten Jahrzehnten gab es stattdessen nur Nachahmungen der Moderne von Vorgestern – der eine huldigte auf armselige Weise Mies van der Rohe, der andere wollte Taut neu beleben, der dritte brachte sein Leben damit zu, Mendelsohn zu variieren. Nirgendwo ist zu sehen, daß man in dieser zweiten Nachkriegszeit einen Schritt in Neuland getan hätte. »Nur wer sich wandeln kann, bleibt sich treu« – dieser Satz gilt auch und gerade für die Architektur am Ende von zwei Jahrhunderten grandioser Tradition.

Berlin war als Stadtskelett nahezu vollständig erhalten. Die Aufnahme vom Turm des Roten Rathauses zeigt das Trümmerfeld der Innenstadt, aber auch, wieviel davon zu rekonstruieren gewesen wäre.

Das Belvedere im Schloßpark von Charlottenburg war fast gänzlich zerstört und der Beschluß zum Abriß schon gefaßt. Heute grüßt es von weither den Besucher, der nichts mehr davon weiß, daß Denkmalpfleger und Konservatoren nahezu einstimmig seiner Rekonstruktion widersprochen hatten.

Der künstlerisch bedeutendste Teil des Schlosses Charlottenburg, der Knobelsdorff-Flügel, existierte praktisch nicht mehr; nur die Außenhaut des Baus hatte den Bombenkrieg einigermaßen überstanden. Nach langem Streit mit Kunsthistorikern und Denkmalpflegern beschloß der Senat endlich den Wiederaufbau, und heute schert sich niemand mehr darum, daß das bestehende Schloß im Grunde nur eine Kopie ist.

Die Luftaufnahme des Berliner Stadtschlosses von 1910 zeigt, daß der gewaltige Bau tatsächlich die Mitte der Stadt darstellte. Alles in der Nachbarschaft – Zeughaus, Oper und Altes Museum – war auf ihn bezogen; jetzt stehen die Gebäude sinnlos im Raum herum.

Der Mitteltrakt des Schlosses Charlottenburg war nach dem Kriege nur noch als Gerippe erhalten. In einer Gewaltanstrengung, die die Kräfte der Nachkriegszeit fast überstieg, wurde Arnold Nerings Bau wieder errichtet.
Das Stadtschloß dagegen war zu weiten Teilen gut durch den Krieg gekommen, vor allem Andreas Schlüters Innenhof, das Meisterwerk des norddeutschen Barock.

Viermal das Schloß – die Vorkriegsaufnahme zeigt die Hauptfront mit Stülers erst 1850 hinzugefügter Kuppel. Als die Waffen schwiegen, erwies sich, daß diese Mitte Berlins glimpflich durch Bombenkrieg

und Straßenkämpfe gekommen war; selbst der Schlüterhof mit seinen Skulpturen war erhalten geblieben. Dennoch beschloß das Politbüro 1950 seine Sprengung.

Das Schloß Monbijou lag am Ufer der Spree gegenüber der Museumsinsel. Hitler gedachte es an die Peripherie der Stadt zu versetzen, bevor der Krieg solche Sorgen überflüssig machte. Obwohl Monbijou weniger als das Charlottenburger Schloß beschädigt war, ließ das ostdeutsche Regime es kurzerhand abtragen.

KOENIGLICHE AKADEMIE DER KUENSTE
AQUARELL-AUSSTELLUNG
ZUM · BESTEN · DES · KAISERIN · AUGUSTE · VICTORIA · HAUSES

Die Akademie der Künste zählte nicht zu den sonderlich bedeutenden, aber harmonischen Bauten des preußischen Klassizismus. Wichtig wurde sie durch die Funktion, die der Bau im Gefüge des Pariser Platzes einnahm. Obwohl all diese Gebäude leichter zu retten gewesen wären als Münchens Ludwigstraße, wurden sie nach dem Krieg beseitigt.

Schwechtens Anhalter Bahnhof galt als Europas schönster Bahnhof. Nach dem Kriege wurde das Stahlgerippe der Überdachung abgetragen, aber noch lange diente der Bau als Zentralbahnhof. Ein Vierteljahrhundert nach dem Krieg, 1961, beschloß der West-Berliner Senat, ihn abreißen zu lassen.

Dem Wahn des Neuen fielen in Ost und West zahlreiche Gebäude zum Opfer, die Berlin seinen unverwechselbaren Charakter gegeben hatten – das Generalstabsgebäude Helmuth von Moltkes

und die Krolloper am Platz der Republik wie die berühmte Börse, wo der »Schwarze Freitag« einst die Republik erschüttert hatte. Nur Knobelsdorffs Oper wurde für die »Linden« gerettet.

War das der sozialistische Städtebau, den Ulbricht und Honecker erträumten? Zehn Jahre nach dem Abrücken der Sprengkommandos bot sich die Mitte der Millionenstadt als eine einzige Leere dar.

Die »Linden« sind nur noch ein Trauerspiel. Rechts oben sieht man sie kurz vor dem Krieg, links 1950, noch immer von Menschen überfüllt. Vierzig Jahre später hat der Sozialismus sein Werk getan.

Henko macht hartes Wasser weich!
ATA

Auch der Alexanderplatz war als Stadtfigur erhalten geblieben; heute präsentiert er sich als sozialistische Wüste, und der Palast der Republik läßt nicht glauben, daß das die Mitte der Metropole ist.

Aber der westliche Wahn – hier Scharouns Kulturforum – kam zu demselben Ergebnis.

Das Schloß lag nicht in Berlin – Berlin war das Schloß

Alle großen Städte Europas sind ohne ihre Schlösser denkbar. In Rom weiß man gar nicht, welchen der vielen Paläste man als Mittelpunkt der Stadt nehmen soll. Den Palazzo Venezia, den alten Sitz der Republik Venedig, von dessen Balkon Mussolini einst den Eintritt seines Landes in den Zweiten Weltkrieg ausrief? Oder den Palazzo Madama, wo heute das Parlament zusammenkommt? Oder doch den Quirinal, die alte Residenz der Päpste, wo jetzt der Staatspräsident residiert? Niemand weiß es zu sagen; fragt man die Römer, wird jeder eine andere Auskunft geben.

In London kann man stundenlang durch die Stadt wandern, ohne vom Schloß der englischen Könige, dem Buckingham-Palast, etwas wahrzunehmen; übrigens liegt er in seinem Park außerhalb der alten Stadt. Aber dieses Königliche Schloß wurde im 18. Jahrhundert gebaut, erhielt sogar erst 1831 seine endgültige Gestalt und 1912, zwei Jahre vor dem Weltkrieg, seine heutige Fassade. Es ist das jüngste aller alten Schlösser Europas, und London war schon weit über tausend Jahre alt, ehe man daran dachte, es zu errichten. Lange hatten die englischen Könige im Windsor Castle gesessen, weshalb sich das Königshaus nach ihm nannte, als es 1917 im Ersten Weltkrieg seinen deutschen Namen Sachsen-Coburg-Gotha loswerden wollte.

In Paris wird jedermann den Louvre nennen, aber das ist ein Augentrug. Was heute der »Neue Louvre« heißt, wurde erst unter den beiden Napoleons errichtet, und die wirklich alten Teile nimmt der Besucher kaum zur Kenntnis. Napoleon hat selbstverständlich nicht im Louvre, sondern im Tuilerien-Schloß gewohnt, das erst beim Aufstand der Commune 1871 niedergebrannt wurde. Heute erinnert nur noch der Tuileriengarten an das verschwundene Gebäude – und zwei einzelne Säulen, die in Berlin am Eingang zur Insel Schwanenwerder aufgestellt wurden. Auch St. Cloud, das dritte Königsschloß von Paris, ist älter als jener Bau, in dessen Hof inzwischen die Glas-Pyramide des chinesischen Amerikaners J. M. Pei steht. Und die Schlösser von Fontainebleau aus dem 13. oder Rambouillet aus dem 14. Jahrhundert? Paris ist nicht mit einem einzigen Königsschloß zu identifizieren.

Berlin aber *war* das alte Stadtschloß am Ende der »Linden«, das eigentlich älter ist als die Stadt selber. Das Schloß an der Spree – oder doch sein ältester Flügel – stand schon zu einer Zeit, als Brandenburg noch ein Kurfürstentum des Heiligen Römischen Reiches Deutscher Nation war, und es nahm seine jüngste Gestalt an, als Kurfürst Friedrich III. von Brandenburg gerade in Königsberg zu Friedrich I. *in* Preußen, nicht *von* Preußen, erhoben worden war, zum ersten preußischen König. Nach eindreiviertel weiteren Jahrhunderten wurde dann aus dem König von Preußen der Deutsche Kaiser.

Das Berliner Schloß hat das alles miterlebt; es war nicht nur genauso alt wie das Geschlecht, das darin residierte, sondern auch wie das alte Brandenburg und das junge Preußen. Es hatte eine ganz andere Bedeutung für Berlin als die Schlösser Englands, Italiens und Frankreichs für ihre Hauptstädte. Überall war die Stadt vor dem Schloß da; in Berlin aber gab es das Schloß, und dann erst kam die Stadt. Nur etwa fünfzehntausend Einwohner zählte Berlin, als die erste Burg gebaut wurde; als dessen Zelle, das »Hohe Haus«, errichtet wird, schätzt man die Kaufleute, Fischer und Ackerbürger auf ganze fünftausend Seelen.

Dieses Schloß ist ausgelöscht worden. Es war durch den Bombenkrieg und die Straßenkämpfe schwer beschädigt; einige Flügel waren stark zerschossen, andere nahezu vollkommen ausgebrannt. Aber große Teile blieben so gut erhalten, daß hier sehr bald schon Versammlungen und Ausstellungen stattfanden. Die berühmte erste Nachkriegsausstellung Hans Scharouns über den Wiederaufbau der zerstörten Reichshauptstadt wurde 1946 im Stadtschloß Unter den Linden eröffnet, und die Berliner gingen zu Zehntausenden durch die Trümmerwüste, um zu sehen, wie sie dereinst leben sollten.

Acht weitere Wochen brauchte man, um die Schäden des Daches zu beheben und die geborstenen Fenster neu zu verglasen. Dann waren so viele Räume wiederhergestellt, daß der französische Militärgouverneur in ihnen die große Ausstellung der französischen Impressionisten eröffnete; die Konservateure aus Paris hatten keine Bedenken gehabt, ihre Manets, Monets, Renoirs und Cézannes dort zu zeigen, wo einst die Kurfürsten, Könige und Kaiser gewohnt hatten. Übrigens war das Schloß nach der Revolution von 1918 von Museen und wissenschaftlichen Institutionen genutzt worden, ganz wie der Louvre in Paris. Genau das hatte der erste frei gewählte Magistrat von Berlin auch 1945 nach dem zweiten verlorenen Weltkrieg vor.

Von der Renaissance über das Barock bis zum Klassizismus hatten Jahrhunderte an dem königlichen Schloß gebaut. Caspar Theyß und Johann Gregor Memhardt hatten der uralten Burg eine neue Gestalt gegeben und ein wirkliches Schloß daraus gemacht; das war in der zweiten Hälfte des 17. Jahrhunderts gewesen. Die Hauptfront und den grandiosen Innenhof, der seinen Namen trug, hatte Andreas Schlüter gebaut, der größte Barockbaumeister und Bildhauer Nordeuropas, der dann nach St. Petersburg gegangen war. Nach ihm war Johann Eosander von Göthe gekommen und hatte den zweiten Schloßhof errichtet, der das barocke Pathos Schlüters ins Elegante wendete. Zum Schluß hatten alle Architekten des Klassizismus, von Erdmannsdorf über den älteren Gilly und Langhans, den Erbauer des Brandenburger Tors, bis zu Schinkel, Persius und Stüler, an seinem Innenausbau mitgewirkt, und nicht wenige waren der Meinung, daß dies Preußens größte Innenarchitektur gewesen sei.

Wer immer in Preußen über die Jahrhunderte architektonisches Talent bewiesen hatte, war auch in irgendeiner Weise am Bau des Schlosses beteiligt gewesen, so daß es am Ende in gewisser Weise ein Architekturmuseum geworden war, an dem sich die verschiedenen Perioden preußischer Bau- und Stilgeschichte ablesen ließen. Beherrscht wurde es von der mächtigen Kuppel, die ihm um 1850 aufgesetzt worden war und deren ausgebranntes Gestänge noch im Ruinenzustand die Silhouette der Innenstadt bestimmte, bis zum Untergang des Staates wie der Stadt.

Friedrich Wilhelm III., der Monarch, der gegen Napoleon die Freiheitskriege siegreich bestanden hatte – auch wenn sich heute die Berliner vor allem seiner Frau, der Königin Luise, zu erinnern pflegen –, hatte auf Anraten seines Sohns, des späteren vierten Friedrich Wilhelm, erst Schinkel, dann Persius, schließlich Stüler beauftragt, eine Kuppel auf das Hauptportal zu setzen. Aber immer kam etwas dazwischen; entweder fehlte Geld oder die Architekten waren vorzeitig gestorben. Schließlich wurde unter Friedrich Wilhelm IV. Stülers mit Hilfe Borsigs errichtete Schloßkuppel doch noch eines der Wahrzeichen Berlins, höher als die Kuppel der Hedwigskirche und die der beiden Gontardschen Dome auf dem Gendarmenmarkt, die Friedrich der Große nach dem Vorbild der Doppelkirchen auf der Piazza del Popolo in Rom gebaut hatte.

Der letzte Kaiser des spät gewonnenen und schnell verspielten Reiches, Wilhelm II., achtete streng darauf, daß kein profanes Bauwerk die Schloßkuppel überragte, und diese Hierarchie der Höhen führte sogar zu einem ernsthaften Konflikt, als der Architekt des Reichstagsgebäudes, Paul Wallot, es wagte, mit seiner gläsernen Reichstagskuppel die Schloßkuppel um ein paar Meter zu übertreffen. Im Verständnis des letzten deutschen Kaisers stand da die Souveränität des Parlaments gegen die Souveränität des Monarchen von Gottes Gnaden. Der Reichstag mußte im wörtlichen Sinn zurückstecken, und so blieb das Schloß mit seiner Kuppel der beherrschende Bau des alten Berlin. In dem Trümmermeer von 1945 schien es wie ein Symbol, daß wenigstens die größte und bedeutendste Architektur der Stadt einigermaßen über den Krieg gekommen war.

Aber fünf Jahre nach dem Krieg ließ Walter Ulbricht das Schloß abreißen, und weil das gar nicht ganz leicht ging – die Mauern waren zum Teil einige Meter stark – rückten Sprengkommandos an, die mit sowjetischem Dynamit in monatelanger Arbeit Flügel für Flügel in die Luft sprengten. Nicht nur in den westlichen Stadtteilen, selbst im sowjetischen Sektor fanden Protestversammlungen statt. Kunsthistoriker aus der ganzen Welt, der siebzigjährige Richard Hamann aus Leipzig als Bannerträger voran, schickten Protestadressen, und sogar im Zentralkomitee der inzwischen »Sozialistische Einheitspartei Deutschlands« benannten Kommunistischen Partei regte sich Widerspruch.

Auf einer dieser Versammlungen ergriff Theodor Liebknecht, der Neffe von Rosa Luxemburgs Liebknecht, selber ein alter Kommunist, das Wort: »Genossen, ich höre immer, daß die Zwingburg der Junker abgerissen werden müsse. Aber ich habe noch nie einen Junker mit einer Maurerkelle oder einem Hobel gesehen. Genossen, ihr wollt das Werk der deutschen Arbeiter zerstören. Das ist unser Schloß, nicht das Schloß der Hohenzollern.«

Aber es half alles nicht. Ulbricht wußte nichts von der Geschichte des Schlosses und begriff nichts von seiner Bedeutung, und er scherte sich auch nicht darum. Manche seiner ehemaligen Kampfgefährten, vor allem Wilhelm Zaisser und Rudolf Herrnstadt, beide Mitglieder des Politbüros, die er später wegen einer angeblichen Parteirevolte stürzte, behaupteten sogar, daß er das Schloß als Symbol des alten Deutschland immer schon gehaßt habe.

Wichtiger wird sein, daß Walter Ulbricht auch darin sklavisch dem Moskauer Vorbild folgte. Nicht ohne Grund fand gerade er die Parole, die die Satrapie Moskaus auf deutschem Boden prägte: »Von der Sowjetunion lernen, heißt siegen lernen.« Wie in Moskau der Rote Platz seit der Zeit der ersten Volkskommissare ein Aufmarschgelände für Kundgebungen abgab, so mußte nun im Herzen Berlins eine gewaltige freie Fläche für »machtvolle Demonstrationen der Arbeiterklasse« geschaffen werden, wie Wilhelm Pieck erklärte. Da Berlin in der Stadtmitte aber keinen freien Platz hatte, störte das Schloß eben.

Eine abgeräumte Leere, über die der Wind fegte, hielt jahrzehntelang die Erinnerung an das einstige Zentrum Berlins wach: der Marx-Engels-Platz. Hier wurden zu jedem 1. Mai die Tribünen aufgebaut, auf denen die Funktionäre von Politbüro, Zentralkomitee, Regierung und Volksarmee den Vorbeimarsch abgeordneter Massen abnahmen, auch dies eine Übernahme sowjetischen Brauchtums, wo sich von Stalin bis Breschnew die Gewaltigen auf dem Dach des Mausoleums versammelten, in dem noch heute die konservierte Mumie Lenins liegt.

Übrigens war das selbst für Rußland eine sonderbar archaische Totenehrung: Nie war ein Zar mumifiziert und ausgestellt worden. Von der Antike über das Mittelalter bis zur Neuzeit wäre in Europa kaum jemand auf den Gedanken gekommen, die toten Herrscher einzubalsamieren und auszustopfen, damit sie jahrhundertelang die allgemeine Anbetung genießen könnten. Wie die Sowjetunion den ägyptischen Totenkult einer fünftausendjährigen Vergangenheit imitiert hatte, so ahmte nun Ost-Berlin das ferne Moskau nach, und dies gerade an jenem Ort, wo einst Berlins Schloß gestanden hatte.

Die Mitte Berlins, nämlich das Stadtschloß und seine Umgebung, war ein Ort der Fülle auch in baulicher Hinsicht. Auf alten Bildern ist noch zu sehen, wie die Quartiere der Handwerker und Bürger bis an die Mauern des Schlosses heranreichten. Es gab ja sonst in Preußen nur landgesessenen Adel; die Gutshäuser der Junker, das alte Herrenhaus der Bismarcks an der Elbe oder das der Marwitzens an der Oder, lagen draußen in Brandenburg. Nie hatte das Herrscherhaus die Aristokratie an den eigenen Hof gezogen, wie das in Frankreich der Fall gewesen ist, wo die großen Familien alle ihre Stadtpalais' im Herzen von Paris haben mußten, die Rochefoucaults wie die d'Ormessons.

In Preußen saßen die Dohnas Hunderte von Kilometern entfernt in Ostpreußen, die Henkel-Donnersmarcks in Schlesien, die Thaddens in Pommern und die Kleists in Brandenburg. Um das Schloß herum drängte sich das Bürgertum, und die »Linden« waren, die dynastischen und sakralen Plätze abgerechnet, eine bürgerliche Allee. Vom Ochsenmarkt im Osten, der später aus Anlaß eines Zarenbesuchs in Alexanderplatz umbenannt wurde, reichte die Straße bis zum Pariser Platz, dessen Name die Erinnerung an den Einzug der verbündeten Monarchen Rußlands, Österreichs und Preußens in der Hauptstadt Napoleons bewahren sollte.

Das war das Zentrum der sonderbaren Militärmonarchie der Hohenzollern. Nur ganz oben, in der unmittelbaren Nähe der Residenz des Herrschergeschlechts, standen die Bauten des Staates: das Zeughaus voran, dann das etwas einfältige Palais des Prinzen Heinrich, des Bruders Friedrichs des Großen, danach die Königliche Bibliothek und schließlich die Hofoper neben der Hedwigskirche. Auf der anderen Seite des Schlosses aber begann schon – eher kleinbürgerlich als hochbürgerlich – das Gewirr der Gassen. Später lag hier, nicht weit vom Alexanderplatz, das berühmte Scheunenviertel, der Schauplatz von Döblins Roman.

Und alle, die engbrüstigen Häuser der Handwerker wie die bescheidenen Palais' des Adels, über die man in Paris gelächelt hätte, richteten sich nach dem Schloß, das sie alle überragte. Kam man vom Tiergarten her durch das Brandenburger Tor, so ragte seine dunkle Masse in der Ferne auf und gab den »Linden« Halt, die ja erst Jahrhunderte später angelegt worden waren und sich bis in die Einzelheiten auf jenen gewaltigen Bau an ihrem Ende bezogen.

Warum laufen die »Linden« jetzt so merkwürdig diagonal in Richtung Osten und enden im Nichts? Selbst aus der Leere, in der nun, sinnlos und verloren, der nach hinten versetzte »Palast der Republik« des Honecker-Regimes steht, kann man schließen, daß hier einmal etwas gewesen sein muß. Warum steht das Alte Museum so sonderbar am Auftakt zur Museumsinsel, leicht in der Achse gewendet, so daß man meint, es müsse auf etwas bezogen sein? Schinkel, dessen Meisterwerk der flache Bau mit seiner Säulenvorhalle ist, zeichnete mehr als ein Dutzend Entwürfe, bevor er Baumasse, Lage und Winkel des Museums endgültig festgelegt und in das rechte Verhältnis zum Schloß gebracht hatte.

Übrigens sehr auffällig, daß die größten Bauanstrengungen der gegen Napoleon siegreichen Monarchie nicht königlichen Palästen und staatlichen Repräsentationsbauten galten, sondern eben dem Museum und dem gleichfalls von Schinkel entworfenen Schauspielhaus, Stätten bürgerlicher Bildung. Nicht ein einziges Schloß Berlins ist nach dem 18. Jahrhundert gebaut worden, während doch die Repräsentationslust der Habsburger, Bonapartes, Romanows und Windsors gerade im späten 19. Jahrhundert eine Nachblüte erlebte. Die Stadt an der Spree ist im neuen Jahrhundert erst einmal die Stadt der Bildungsbauten, dann die der Verkehrs- und Industriearchitektur.

Aber anders als in London oder Paris standen all diese Schauspielhäuser, Opern und Museen nur einen Steinwurf weit vom Schloß entfernt. Jetzt, wo es beseitigt worden ist, wirkt das Alte Museum wunderlich verloren an seinem Platz. Nicht nur ein Gebäude, der Maßstab der ganzen Umgebung ist zerstört. Auch die Handwerker- und Bürgerhäuser im Süden und Osten sind abgeräumt worden, um »Magistralen« nach moskowitischem Beispiel Platz zu machen, ein Areal von zwölfbahnigen Rennstrecken, auf denen bis zur Wende die »Trabanten« fuhren.

Trostlose Großmannssucht eines gescheiterten Sozialismus. Wie ein Symbol mißratener Bestrebungen wirkt der Fernsehturm – der einzige in Europa, der als Stadtmitte gedacht war, denn dergleichen gibt es nicht einmal in Moskau neben dem Kreml, von Paris oder London ganz zu schweigen. Sah man in dem neuen Marx-Engels-Forum tatsächlich seinen Anspruch auf Weltniveau befriedigt? Jedenfalls war das die real existierende Stadtplanung des Sozialismus, der seine eigenen Traditionen sämtlich verraten hatte. Keine mustergültigen Arbeitersiedlungen wie in der Weimarer Republik, keine in die Zukunft weisenden Industriebauten, wie sie das späte Kaiserreich mit Siemens, Krupp und Borsig errichtet hatte, keine futuristischen Staatsbauten, wie sie in Moskau nach der Oktoberrevolution in Wettbewerben ausgeschrieben worden waren, an denen sich die gesamte Avantgarde der westlichen Welt beteiligte, von Walter Gropius über Perret bis zu Corbusier.

Selbst auf eigenem Feld war der Sozialismus gescheitert, und fährt man heute durch die müden Relikte dieser zerbrochenen Revolution, so stehen seine Hinterlassenschaften sinnlos herum wie Bausteine aus einem Märklin-Baukasten. Was das untergegangene Regime den vergifteten Äckern, der verpesteten Luft, den verdorbenen Flüssen angetan hat, ist schlimm genug; am sichtbarsten aber ist seine Erbschaft in Deutschlands Städten, in denen es eine Wüste zurückgelassen hat. »Trümmer schaffen ohne Waffen« – dieser bittere Vers aus den späten siebziger Jahren ist zehn Jahre später wahr geworden.

Das in die Luft gesprengte Stadtschloß aber war jenseits dessen, was es für sich selbst bedeutete, der Bezugspunkt jenes historischen Zentrums, das von dem Pariser Platz im Westen, dem Gendarmenmarkt in der Mitte, dem Alexanderplatz im Osten und dem Belle-Alliance-Platz im Süden begrenzt wurde. Das Geviert war in vielerlei Hinsicht eine städtebauliche Heraufrufung Roms, denn die Ewige Stadt wird ja auch von vier Platzräumen eingegrenzt, der Piazza di Spagna, der Piazza del Popolo, der Piazza Navona und der Piazza Venezia. Und wie dort alles auf das antike Rom bezogen blieb, so erhielt hier das Einzelne durch die gewaltige Masse des Schlosses seinen Sinn. Daher geht die Diskussion darüber, ob der Bau kunsthistorisch zu den großen Werken der europäischen Architekturgeschichte gehörte oder ob Versailles und Schönbrunn vielleicht von höherem Rang sind, an seiner wirklichen Bedeutung vollkommen vorbei.

Die Frage eines Wiederaufbaus des Stadtschlosses gilt also nicht so sehr diesem Schloß selber als dem klassischen Zentrum Berlins. Auf was werden die »Linden« zulaufen, wenn der »Palast der Republik« über kurz oder lang entfernt werden wird? Denn der Abriß ist unvermeidlich, nicht allein deshalb, weil er ein tristes Symbol des zerbrochenen Staates ist, weil seine Asbest-Verseuchung die Benutzer gefährdet und nicht einmal nur, weil seine architektonische Mediokrität alles beschädigt, was in seiner Nähe steht. Zumindest ebenso wichtig ist, daß diese sozialistische Mehrzweckhalle am falschen Ort im falschem Winkel steht und daß ihr Volumen nicht ausreicht, Knobelsdorffs Oper, Nerings Zeughaus, Boumans Universität und Schinkels Museum aneinander zu binden.

Das nämlich war ja die eigentliche Funktion der Architektur des Schlosses, daß es durch sein pures Dasein so Verschiedenartiges zusammenhalten konnte – die barocke Gewalt des Zeughauses, das englisch gebändigte Rokoko der Oper, den vergleichsweise simplen Palladianismus vom Palais des Prinzen Heinrich und die reine Linie von Schinkels Klassizismus. Der Zusammenhang von Nichtzusammengehörendem war das eigentliche Wunder der »Linden«, und Vergleichbares gab es in keiner anderen Stadt Europas. Was sind jetzt die »Linden« ohne das Schloß?

Es bedarf keines Wortes, daß das Argument der Kosten in solchem Zusammenhang überhaupt keine Rolle spielt; man entscheidet Fragen dieser Art nicht mit dem Rechenschieber. Erstens wird niemand ernsthaft daran denken, das Schloß heute oder morgen aufzubauen, und zweitens ließe sich durch die Einsparung der etwa achthundert Millionen für das geplante Deutsche Historische Museum nach Aldo Rossis geistreich-eklektizistischem Entwurf zumindest die äußere Hülle des Schlosses sofort aufführen. Die andere Milliarde könnte nach dem Gelingen des Wiederaufbaus in Ostdeutschland kommen, nach einem Jahrzehnt oder nach einer weiteren Generation; das macht kaum einen Unterschied.

Die neuesten Bonner Schätzungen des Finanzbedarfs der neuen Bundesländer gehen auf zumindest eintausend, die des Bundeswirtschaftsministeriums auf eintausendfünfhundert, die von Schweizer Wirtschaftsforschungsinstituten auf zweitausend Milliarden. Der Wiederaufbau des Schlosses kostete also nichts Nennenswertes, nämlich 0,1 bis 0,2 Prozent. Wer will eine Aufgabe, die sich das arme Polen mit dem Wiederaufbau des Warschauer Königsschlosses gleich nach dem Krieg leistete, im Ernst dagegen aufrechnen? Überdies brauchte der Staat oder die Stadt nicht eine Mark beizusteuern; private Investoren drängen sich, das Schloß in eigener Regie wieder aufzurichten.

Und es gäbe in republikanischer Zeit keine Verwendung für ein Schloß? Warum sollte man denn das wiederaufgebaute Bauwerk nicht als Historisches Museum nutzen? Meint man ernstlich, die historistische Zitatarchitektur von Stirling, Rossi und Krier sei originaler als ein rekonstruiertes Schloß?

Nach dem Krieg hat man das Argument der mangelnden Authentizität immer wieder gehört, Kunsthistoriker und Architekten führten es gleicherweise ins Feld. Die Reste von Xantens gotischem Dom aus dem 13. und 14. Jahrhundert wollten die Kunsthistoriker damals abreißen, da sein Wiederaufbau nur eine Fälschung ergeben werde, wie ein rheinischer Denkmalpfleger als Gutachter versicherte. Das mittelalterliche Meisterwerk wurde von einem Einzelnen gegen den Zeitgeist auf eigene Faust wiederhergestellt, wofür er übrigens Jahrzehnte später den Schinkelpreis erhielt. Das Frankfurter Goethe-Haus war so gut wie nicht mehr vorhanden, und unter der Anführung der Fachleute wurde von den Konservatoren gegen seinen Wiederaufbau protestiert. Walter Dirks, mit Eugen Kogon zusammen Herausgeber der ›Frankfurter Hefte‹, beschwor das Land Hessen wie die

Stadt Frankfurt, den Wiederaufbau nicht zuzulassen. Der Geist des Hirschgraben und des Frauenplans habe die Barbarei nicht verhindern können; seine Kopie laufe auf eine Verfälschung der deutschen Geschichte hinaus.

So ging es in fast jeder deutschen Stadt zu, und fast immer blieben die Puristen siegreich. Hunderte von Bauten von Ulm bis Braunschweig – wo man Ottmers Residenzschloß Jahre nach dem Kriege abriß – hätten gerettet werden können, hätten nicht fehlgeleitete Denkmalpfleger dem 5. Bomberkommando nachgeholfen. Nur zuweilen retteten Volksaufstände das Bedrohte vor den Konservatoren.

Das Stuttgarter Neue Schloß war aufgrund von Gutachten der Architektenkammer vom Oberbürgermeister der Stadt und vom Ministerpräsidenten des Landes Württemberg schon zum Abriß freigegeben. In Stuttgart aber retteten Bürger die eigene Geschichte; lange vor der Frankfurter Alten Oper bildete sich eine Bürgerbewegung gegen konservatorischen Expertenverstand und politischen Willen zum »Zeitgemäßen« und trotzte dem Gemeinwesen den Wiederaufbau des Neuen Schlosses ab. Jetzt gibt Württembergs Landesregierung dort ihre Staatsempfänge. Denkmalpfleger sollen gehört werden, wo es um Bestehendes geht; die Frage der Wiedergewinnung von Verlorenem aber fällt nicht in die Zuständigkeit von Konservatoren. Das ist eine Sache der Bürger und des Staates.

Wenn der Besucher heute die »Linden« entlang am Kronprinzenpalais vorbeigeht, dankt er dem Geschick, daß wenigstens dieser Bau überdauerte. Aber in Wirklichkeit war das Palais nicht mehr vorhanden. Weit schwerer beschädigt als das Schloß, wurde es nach dem Krieg abgerissen; jahrelang erinnerte nur eine mit Wasser gefüllte Baugrube an das einstige Prinzenpalais. Plötzlich aber befand man, daß eine inzwischen etablierte Regierung ein Gästehaus brauche, und so wurde das Gebäude nach den alten Plänen, Zeichnungen und Photographien neu aufgeführt. Nicht ein einziger Stein des heutigen Kronprinzenpalais' ist original. Die Geschichte hat die Gewissenhaftigkeit der Puristen besiegt, nach deren Argumenten niemand mehr fragt, wenn das nachgeahmte Alte selber alt geworden ist.

Was wird im Streit um einen Wiederaufbau des Schlosses nicht alles von der Authentizität in der Architektur geredet, besonders von jenen, die das Originale von dem nur Nachgeahmten gar nicht zu unterscheiden wissen. Alle Welt bewundert den Knobelsdorffschen Palladianismus des Opernhauses unter den »Linden«. Viele wissen, daß der Bau am Ende des Krieges schwer beschädigt war und erst Jahrzehnte nach dem Krieg wiederhergestellt wurde. Einige wissen sogar, daß die Staatsoper zu Anfang des Krieges schon einmal von Bomben getroffen und in einer Gewaltanstrengung mitten im Krieg wiederaufgebaut worden war. Aber jene Linden-Oper, die heute sogar das Wohlwollen der Konservatoren genießt, ist selber nur eine Kopie des ursprünglichen Knobelsdorff-Baus. Kaum einer der Politiker, die vehement gegen eine Rekonstruktion des Schlosses sprechen, hat auch nur eine Ahnung davon, daß sie im Falle der Oper der Bewahrung einer Imitation das Wort reden.

Die Königliche Oper war schon 1843 in einer der größten Brandkatastrophen des biedermeierlichen Berlins nahezu vollständig vernichtet worden. Der Bühnenbildner Gerst hat noch während der Löscharbeiten die bis auf wenige Mauerreste zerstörte Ruine in einem Aquarell festgehalten, das noch heute in der Alten Nationalgalerie zu besichtigen ist. Aber auch die stehengebliebenen Mauerreste mußten zumeist eingerissen werden, als man sich fast ein Jahrhundert nach dem ursprünglichen Bau an dessen Neuschaffung machte. Auch damals war ein heftiger Streit vorausgegangen, weil ziemlich weit gediehene Pläne bestanden, ein neues Operhaus am alten Königsplatz, dem jetzigen Platz der Republik, zu errichten. Damals siegten die Verteidiger des Alten, und ein wiederhergestelltes Original wurde als Kopie errichtet.

So steht es mit vielem – mit Schinkels Neuer Wache, Ende des Krieges zerbombt, Jahre später zum Teil eingestürzt, mit Stracks als Kopie wiederaufgebautem Kronprinzenpalais, mit Knobelsdorffs gleich dreimal rekonstruierter Oper: Die Baugeschichte Berlins ist, wie die ganz Europas, eine Geschichte von Falsifikaten.

Die Auseinandersetzungen über einen Wiederaufbau des Schlosses gehen somit an der Sache vorbei. Natürlich ist ein wiederhergestelltes Schloß nur eine Replik; soviel an originalen Fassadenteilen, Gesimsen und Skulpturen sich auch noch finden lassen mag, niemals mehr wird ein originaler Bau aus Renaissance, Barock und Klassizismus entstehen. Das, was auf diese Weise wiederhergestellt werden kann, bleibt in jedem Falle lediglich eine Kopie, und man muß das deutlich sagen, wenn man sich nicht in die Phalanx jener Nostalgiker einreihen will, die in allen Himmelsrichtungen nach Argumenten suchen, ein wiederaufgebautes Schloß besitze doch so etwas wie Authentizität. Die wird es nie wieder haben.

Aber darum handelt es sich nicht. Man hat nicht das Schloß, sondern die Stadt im Auge, und insofern sind das wiederaufgebaute Goethe-Haus in Frankfurt und das restaurierte Schiller-Haus in Weimar unzulängliche Beispiele. Frankfurt und Weimar haben durch die Imitationen des Einstigen ja nichts gewonnen als eben diese musealen Häuser. In Berlin dagegen ist es schwer vorstellbar, daß die Innenstadt wiedergewonnen werden kann, wenn nicht das Stadtschloß zumindest in seiner äußeren Gestalt neu geschaffen werden wird.

Es geht, um den Gedanken auf die Spitze zu treiben, um die Rettung der Stadtgestalt. Natürlich läßt sich gegen zahllose Beispiele wiedererrichteter Kirchen, Schlösser und Museen einwenden, daß diese in früheren Jahrhunderten ja zumeist in veränderter, zuweilen in gänzlich neuer Form wiederhergestellt worden seien, weshalb romanische Dome beim Wiederaufbau gotische Portale, Renaissance-Paläste barocke Fassaden erhielten und Rokokoschlösser klassizistische Züge annahmen. Aber eben diese Kraft hat die Gegenwart nach allen Erfahrungen der zurückliegenden Zeit verloren. Die Versuche der Nachkriegsära, das beschädigte Alte mit dem Stilwillen der Gegenwart zurückzugewinnen – Luckhardts Experiment mit dem Bremer Rathausplatz, die von Scharoun erzwungene Modernisierung des Reichstags und die unter der Federführung des Werkbunds 1948 gesichtslos erneuerte Paulskirche in Frankfurt – führen allzu deutlich vor Augen, daß zwar ein Weg von der Romanik zur Gotik führte, aber keiner vom Bauhaus zum Barock.

Die wirkliche Entscheidung, vor der Berlin steht, liegt deshalb in der Frage, ob man der Gegenwartsarchitektur zutraut, die Lücke zu füllen, welche die Sprengung des Schlosses im Gesicht der Stadt hinterlassen hat. Auf diese Frage pflegen die Architektenverbände, die in den verflossenen Jahrzehnten in fast jedem Einzelfall falsche Ratschläge gegeben haben, den scheinbar einleuchtenden Gesichtspunkt ins Feld zu führen, daß schließlich jede Epoche aus dem Geist ihrer Zeit bauen müsse, und mit frommem Populismus fügen sie hinzu, daß man nicht so gering von der eigenen Zeit denken dürfe.

Aber mit diesem Argument ist es mißlich bestellt. Bleiben wir, da es um das Berliner Stadtschloß geht, bei Berliner Beispielen. Dann hätte man also in den sechziger Jahren an das Ende der »Linden« Scharouns monströse Staatsbibliothek gestellt, die schon heute sein eigenes Kulturforum ruiniert. Bereits Mies van der Rohe beklagte, daß seine Neue Nationalgalerie mit Scharouns anthroposophischer Architektur konfrontiert werde. In den siebziger Jahren hätte man Schülers Internationales Congress Centrum gleich neben Knobelsdorffs Oper gestellt, als Widerpart von Schinkels Altem Museum. Und wieder ein Jahrzehnt später wäre an dem Boulevard ein Bau aus dem Geist von Heinrichs' Autobahnüberbauung an der Schlangenbader Straße errichtet worden. Kann man sich Zeitgeist-Architektur solcher Art an Deutschlands einzigem klassischen Boulevard vorstellen? Und doch sind dies die drei Bauten Berlins, die am ehesten noch an das Volumen des Schlosses heranreichen.

Damit man das nicht falsch versteht: Hier werden nicht aus polemischen Gründen absurde Monstren der zeitgenössischen Architektur genannt, von denen ja genug namhaft gemacht werden könnten. Alle drei Architekten sind unverächtliche Baumeister der Gegenwart, zählen zu den besten Köpfen der Nachkriegsarchitektur, immer wieder mit großen Preisen bedacht.

Oder soll man westdeutsche Exempel heranziehen, etwa das Beispiel der provisorischen Hauptstadt Bonn? Hier war Jahrzehnte hindurch Gelegenheit, die Möglichkeiten moderner Architektur an Dutzenden von öffentlichen Gebäuden vorzuführen – am Bundeskanzleramt, an der Beethovenhalle, an Parteihauptquartieren und an fast zwanzig neuen Ministerien, die zusammengenommen die größte Bauanstrengung des neuen Staates ergeben, der sich so seinen auswärtigen Besuchern empfiehlt. Fährt man heute die Adenauerallee von Godesberg nach Bonn, so fällt kein einziges Gebäude in die Augen, das man im wiedervereinigten Berlin sehen möchte. Dabei sind das keineswegs vorläufige Zweckbauten, gedacht für ein politisches Provisorium. In jedem Einzelfall handelt es sich um Gebäude von Kunstanspruch, mit dem »Langen Eugen« von Egon Eiermann als Ausrufungszeichen. Die Ausstrahlung bleibt jedoch die einer kleinstädtischen Assekuranz.

Jene Akademien, Hochschulen und Architektenverbände, die sich auch jetzt wieder zu Wort melden, stellten auch damals die Gutachter und Preisrichter. Würde man die Namen der Experten, die für das neue Bonn verantwortlich waren, heute veröffentlichen, so hätte man ein nahezu lückenloses »Who is Who« derer, die in den vergangenen Jahrzehnten in Deutschland das Sagen hatten. Der Staat hat sich über die Fachleute nicht hinweggesetzt, er ist ihnen nur allzu getreu gefolgt. Woher nehmen sie jetzt nur immer das gute Gewissen, man müsse ihrer Weisheit folgen? »Ich habe keine Zeit, mich mit meinen alten Fehlern zu beschäftigen; ich bereite mich auf meine neuen vor«, so Brecht.

Aus Betrachtungen dieser Art spricht natürlich Resignation. Die moderne Architektur hat ebenso Mustergültiges zustandegegebracht wie frühere Epochen. Niemand wird Mies van der Rohe, Gropius, Corbusier und Frank Lloyd Wright geringschätzen; das Bauen des späten 19. Jahrhunderts hat Mühe, gegen sie aufzukommen. Aber nicht in einem einzigen Fall hat es das Neue fertiggebracht, die Mitte einer Metropole aus dem Nichts zu entwerfen, und die künstlichen Kapitalen Brasilia, Dacca und Chandigarh sind melancholisch stimmende Beispiele.

Ist es nicht eine schreckenerregende Vorstellung, Corbusier hätte seine Berliner *cité radieuse* nicht neben dem Olympiastadion, sondern wirklich in der Stadtmitte gebaut, wie er es ursprünglich von Berlins Bauverwaltung verlangte? Wollte Gropius nicht am Ufer der Havel zwischen Pichelsdorf und Wannsee Reihungen von Hochhäusern errichten, um ein Ausufern der Stadt ins Land hinein zu verhindern? Nahm er, sekundiert von seinem Dessauer Schüler Wils Ebert, diese Lieblingsidee nicht in dem absurden Viertel in Buckow-Rudow wieder auf, das seinen Namen trägt? Soll man die Dutzende von Vorschlägen in Erinnerung rufen, die von dem Projekt einer Avus-Überbauung vom Funkturm bis nach Wannsee und der vorgeschlagenen Golden-Gate-Brücke über die Havel bis zu jenen Wunderlichkeiten reichen, die jüngst im Frankfurter Architekturmuseum als Projekte für das neue Berlin versammelt waren?

Ach, die Baugeschichte hat selten solche Aufschwünge wie in dieser zweiten Nachkriegszeit gesehen und kaum jemals ein vergleichbares Desaster erlebt. Wer die Gremien von immer neuen »Weisen« und »Stadtforen« lange genug verfolgt hat, kehrt zu Carlo Schmids Satz zurück: »Wehe dem Staat, der auf seine Intellektuellen nicht hört. Doppelt wehe dem Staat, der ihnen folgt!«

In diesem Sinne läßt sich sagen, daß eine Wiederherstellung des Schlosses natürlich nur ein Notbehelf ist. Nichts als eine Kopie kann man zustandebringen, wie man das vor einigen Jahrzehnten mit dem Kronprinzenpalais bewerkstelligte. Warum soll man bestreiten, daß eine Replik des Stadtschlosses unter denkmalpflegerischen Gesichtspunkten eine Fälschung wäre? Dennoch gibt es keine andere Möglichkeit, die Stadt als Stadt zu retten, und deshalb wird man nicht triumphierend, sondern resignierend das Verlorene mit Abschiedsschmerz wiederherstellen müssen.

Vorher ländliches Barock, hinterher die Weltsprache einer banalen Moderne, in der Mitte aber Schinkel

Berlin ist keine gewordene, es ist eine gemachte Stadt. In den anderen Metropolen Europas läßt sich, Jahresringen gleich, das Werden des Gemeinwesens ablesen; Berlin ist mit einem Male da. Wer spricht im 15. oder im 17. Jahrhundert schon von der »Doppelstadt«, womit damals nicht Potsdam und Berlin, sondern Berlin und Cölln gemeint sind? Man nimmt die Stadt an der Spree gar nicht zur Kenntnis, und am Kaiserhof der Habsburger ist man anfänglich eher amüsiert, daß der verwachsene Herrscher des preußischen Kurfürstentums es sich soviel Geld kosten läßt, König zu werden.

Aber dessen Sohn tritt in die deutsche Geschichte ein. Seit Friedrich Wilhelm I. muß man im Westen wie im Süden des Reiches mit der Dynastie rechnen, die sich einen Staat hält. Und eine Generation später, unter Friedrich dem Großen, ist Preußen mitten in der Weltgeschichte, besteht drei europäische Kriege und fordert ganz Europa heraus, das sich in einer österreichisch-französisch-russischen Allianz gegen den Emporkömmling im Brandenburgischen zusammenschließt. Das Land wie die Stadt sollen für immer ihre Prägung aus dieser Epoche empfangen, auch was die Stadtgestalt anlangt, den Städtebau und die Architektur. Alles, was dem klassischen Berlin Mitte und Halt gibt, die Alleen wie die Plätze, sind Hervorbringungen des 18. Jahrhunderts, die »Linden« und das Oktogon, das Karree und das Rondeel, das nach den napoleonischen Kriegen den Namen Belle-Alliance-Platz erhält.

Und doch ist all das im europäischen Maßstab nichts Rechtes. Wer will die Hedwigskathedrale neben Notre Dame oder den Petersdom stellen? Nicht einmal Santa Maria della Salute oder die Karlskirche bringt Friedrich hervor. Und das Palais des Prinzen Heinrich, aus dem später die Universität wird? Jede mittlere Stadt Europas besitzt Vergleichbares, und Wolfenbüttel und Neuburg an der Donau haben mehr zu bieten.

Berlin ist friderizianisch, aber auf eine Manier, die europäischer Durchschnitt ist, auch wenn sie dem hier Lebenden teuer ist und ihre Bewahrung aus der Trümmerlandschaft des Zweiten Weltkrieges fast das Einzige bleibt, was man dem Sozialismus auf deutschem Boden anrechnet. Schlägt man jedoch eine europäische Architekturgeschichte des 18. Jahrhunderts auf, die in England, Frankreich oder Italien erschienen ist, so nimmt der Lokalstolz nicht sonderlich überrascht zur Kenntnis, daß Berlin im Ortsregister kaum vorkommt.

Dann aber geht es plötzlich los. Unter dem unbedeutendsten aller preußischen Herrscher der klassischen Epoche, unter Friedrich Wilhelm III., entsteht Meisterwerk auf Meisterwerk, und der Architekt des Königs heißt Schinkel. Gleich neben dem Brandenburger Tor entsteht ein wirklich schloßartiger Bau, Schinkels Palais des Grafen Redern, das beim Betreten der »Linden« sofort zu erkennen gibt, daß Berlin nach dem Sieg über Napoleon Anspruch darauf erhebt, zu den großen Residenzstädten Europas gezählt zu werden. Nur wenige Jahrzehnte später wird es für das Hotel Adlon abgerissen, ein erstes Beispiel für jenen Selbstvernichtungswahn, der Berlin kennzeichnet.

In dem glücklichen Abschnitt zwischen dem ausgehenden 18. und dem anhebenden 19. Jahrhundert aber kommt die Stadt auf ihren eigenen Begriff, und in Berlin trägt er den Namen Karl Friedrich Schinkel. Nur ein Vierteljahrhundert war ihm gegeben, denn erst nach den Napoleonischen Kriegen kam Schinkel zum Bauen, und schon 1841 starb er mit gerade sechzig Jahren, ein Alter, in dem die großen Baumeister gemeinhin erst auf ihrem Höhepunkt sind, Michelangelo wie Palladio. Aber die zwei Jahrzehnte zwischen 1820 und 1840 genügten ihm, um Berlin und Preußen und ganz Deutschland seinen Stempel aufzudrücken. Es gibt eine Architektur vor Schinkel, und es gibt ein Bauen nach ihm; er jedoch stellt die Achse der Moderne dar.

Schinkel war in der Tat der Pol, auf den alles zulief und von dem alles herkam. Er war Höhepunkt und Abschluß des europäischen Klassizismus in einem, und in mancherlei Hinsicht endete mit ihm auch die Geschichte der europäischen Stile. Für das Empfinden seiner Zeitgenossen baute Schinkel in »griechischer Manier«, aber für seine ›Neue Wache‹ schlug er romanische Entwürfe vor, und er träumte von einem gotischen Dom auf dem Leipziger Platz, wo sein vergötterter Lehrer Gilly zwei Jahrzehnte zuvor eine Akropolis für Friedrich den Großen errichten wollte.

Und ganz zum Schluß war Schinkel wirklich modern und fast schon 20. Jahrhundert. Da wandte er die Zweckarchitektur an, die er in englischen Hafen- und Industriestädten bewundert hatte – eine Backsteinbauweise, die aus wiederkehrenden Raster-Elementen bestand und nun an gar nichts mehr erinnern wollte, weder an griechische Tempel noch an gotische Kathedralen. Schon ein Warenhaus unter den »Linden« aus »montierten« Teilen sollte den neuen Stil demonstrieren, doch die Ausführung blieb stecken, und erst der letzte Bau Schinkels, eine Schule für die Architekten Preußens, führte dergleichen tatsächlich vor; hier nahm er übrigens Wohnung. Er selber sah in dieser ›Bauakademie‹ sein wichtigstes Werk, und man weiß nicht, wohin sein Weg geführt hätte, wenn ihm zumindest ein Jahrzehnt mehr gegeben gewesen wäre.

Bei Schinkel war immer alles möglich. Es gibt nur wenig Entwicklung in seinem Werk, das von der Gleichzeitigkeit alles Gewesenen und in Zukunft Möglichen lebt; bei Geringeren wird man das Eklektizismus nennen. Als er in England ist, scheint er momentweise an eine Architektur jenseits alles Dagewesenen gedacht zu haben, an eine Geschichte ohne Geschichte. Hat er damals in verschlossenen Gedanken eine Befreiung von aller Historie ins Auge gefaßt und den belastenden Charakter alles Historischen empfunden? Nur drei Jahrzehnte später wird Nietzsche vom ›Nutzen und Nachteil der Historie für das Leben‹ sprechen und Ernst mit einem Gedanken machen, der in der ersten Hälfte des Jahrhunderts schwerlich denkbar gewesen wäre. Dann wäre der Eklektizismus nichts als der Übergang zur Abkehr von allem geschichtlichen Vorbild. Dann wären nicht die Neoklassizisten des 20. Jahrhunderts, mögen sie nun Peter Behrens oder Albert Speer heißen, seine Erben. Aber die Phantasien des Konstruktivismus in Rußland, des Futurismus in Italien oder des Expressionismus in Deutschland, der mit gläsernen Kathedralen die Alpen überspannen will, wären im Geiste Schinkels geträumt. Seine Modernität gibt sich, sieht man es so, in der Abkehr von der Moderne zu erkennen.

Dabei hatte alles ganz anders und ganz eindeutig angefangen. 1800 baute Schinkel als Neunzehnjähriger auf dem Pfingstberg in Potsdam einen tempelartigen Pavillon, der die Schwärmerei des Jünglings für das Antikische zu erkennen gibt. Der Pomona-Tempel, nicht sonderlich bedeutungsvoll und nur Potsdams und seines Erbauers wegen in der Architekturgeschichte bewahrt, hatte den Krieg unbeschädigt überstanden, bis er in den Gewahrsam des anderen Deutschland geriet. Zunächst scheinen ihn Soldaten der Roten Armee zum Zeitvertreib als Schießscheibe benutzt zu haben, wie man noch heute an kyrillischen Inschriften ablesen kann; später wurde er ein Opfer ostdeutschen Vandalismus', denn die Welt war nicht mehr vorhanden, die sich um dergleichen kümmerte.

So verfiel das Jugendwerk allmählich; erst wurden die Türen und Fenster entfernt, dann stürzte das Dach ein, und schließlich tat die Witterung das Ihre. Nur zerborstene Bauteile erinnerten noch an Schinkel, als der Staat das Schicksal des Tempelchens teilte und zusammenbrach.

Inzwischen hat sich ein Freundeskreis gebildet, der den Pomona-Tempel nach alten Plänen und Photographien wiederaufbauen will.

Sonst ist die Zeit in Berlin wie in Potsdam glimpflich mit Schinkel umgegangen. Die Städte bleiben nur eine Erinnerung ihrer selbst: nicht voller Ruinen, aber selber Ruinen, allem Wiederaufbau zum Trotz. Vom Bombenkrieg und den Straßenkämpfen schwer verwüstet, sind sie kurz darauf dem Wahn des Neuen in verschiedenerlei Gestalt zum Opfer gefallen, der erträumten Moderne hier, der sozialistischen Zukunftsstadt dort. Aber Schinkel überdauerte das Dritte Reich wie den Kommunismus. Zwar waren seine Berliner Meisterwerke – die Neue Wache, das Alte

Museum, die Bauakademie und das Schauspielhaus – am Ende des Krieges wenig mehr als Fragmente, und die von ihm umgebauten Palais' der königlichen Prinzen am Wilhelmplatz und an der Wilhelmstraße wurden abgerissen. Doch diese drei Inkunablen des preußischen Klassizismus sind aus Trümmern wiederaufgebaut worden, wenn auch mäßig genug. Das Alte Museum, das Ulbricht als Denkmal des Kampfes der Arbeiterklasse gegen den Faschismus umgestalten wollte, steht heute einigermaßen so am Kopf der Museumsinsel, wie Schinkel es errichtet hat. Das Schauspielhaus wurde als Konzertsaal wiederhergestellt, und man muß dankbar für seine Rekonstruktion sein, wenn auch sein Interieur mehr mit einem Tortengebäck als mit Schinkel zu tun hat.

Die Neue Wache dagegen sollte gänzlich beseitigt werden, vor allem nachdem Teile davon Jahre nach dem Krieg eingestürzt waren. Das Politbüro befand, daß die Arbeiterklasse keinen Grund habe, ein Mahnmal für die militärische Vergangenheit wieder aufzurichten, und nur dem ersten Denkmalpfleger Berlins, dem vom Bauhaus kommenden Hinnerk Scheper, gelang es, die sowjetische Militäradministration in Karlshorst zu mobilisieren, um das Abrißverlangen der deutschen Kommunisten zu unterbinden. Der Chef der Parteijugend, der spätere Staatsratsvorsitzende Honecker, hatte die Resolution formuliert, in der die Partei gebeten wurde, das Monument des deutschen Militarismus ein für allemal zu beseitigen. Als die Weisung zum Wiederaufbau von der sowjetischen Militäradministration ergangen war, verhinderte man jedoch die exakte Rekonstruktion jenes Zustandes, den die Weimarer Republik der Alten Wache gegeben hatte.

Denn kurz vor dem Untergang der Weimarer Republik hatte Heinrich Tessenow den Innenraum des Gebäudes auf die schlichteste und eben deshalb eindruckvollste Manier umgestaltet. Ein schwarzer Quader mit einem silbernen Eichenkranz, auf den das Tageslicht fiel, war das einzige Mahnmal für die Toten des Krieges; die Inschrift trug nur die Jahreszahl »1914-1918«. Die Gedenkstätte war weit über die Grenzen Deutschlands hinaus berühmt wegen des Fehlens jedes nationalen Pathos; bei ihrer Einweihung 1931, kurz vor dem Anbruch der Diktatur, wurde sie von allen Parteien des Reichstags einhellig begrüßt. Giraudoux und Maillol erklärten, wie Graf Kessler berichtet, das deutsche Ehrenmal für das ergreifendste Monument Europas.

Die zur Macht gelangten deutschen Kommunisten aber entfernten Tessenows nahezu abstrakte Reduktion des antiken Totenaltar-Motivs und stellten an ihre Stelle ein Arrangement wie aus dem Schaufenster eines Bestattungsunternehmens; ein von Kordeln umgebenes Geviert mit einem »Glasprisma« (aus Plexiglas) und zwei Urnen über einer Ewigen Flamme, ein kleinbürgerliches Gedenken, das dem formalen Niveau des persönlichen Lebenszuschnitts der Bewohner von Wandlitz entsprochen haben mag. Die Gedenkstätte, der jeder Besucher des Staates seine Reverenz erweisen mußte, war von einer ästhetischen Peinlichkeit, die nicht nur durch das Regime belastet wurde, das sie errichtete, sondern durch sich selbst.

Dennoch stimmt der Anblick der klassischen Berliner Architektur heute auch melancholisch, weil an ihnen abzulesen ist, wie Berlin – gleich München – hätte wieder aufgebaut werden können, das Stadtschloß, das Schloß Monbijou und dann die »Linden« hinunter bis zum Brandenburger Tor, wo ja sogar noch die Preußische Akademie der Künste erhalten geblieben war, als die Sprengkommandos anrückten.

Unverändert sind allein die kleinen Landsitze zwischen Berlin und Potsdam, jene Häuser, die Schlösser zu nennen man Bedenken hat: Charlottenhof, die Villa des späteren Königs Wilhelm IV., Babelsberg, das sich der zweite Sohn des Königs, Prinz Wilhelm – der Kartätschenprinz der Achtundvierziger Revolution –, bauen ließ, und Klein-Glienicke, der Besitz des dritten Sohnes, Prinz Carl. Noch am Ende des 20. Jahrhunderts stehen diese Miniaturschlösser, wie Schinkel sie am Anfang des 19. gezeichnet hatte, Monumente der Zeitlosigkeit. Steht man im Schatten der alten Buchen, auf der Wiese vor Charlottenhof oder Babelsberg – die Havel blinkt silbern herauf –, so ist man aus der Zeit getreten, und in verlorenen Momenten sind Kriege, Revolutionen und Gewaltherrschaften unwirklich geworden. Die Vernachlässigung, die die letzten Herren hinterlassen haben, die verwilderten Büsche, der zur Wiese gewordene Rasen und die Verwachsungen in den Kronen der Erlen steigern das Verwunschene einer Vergangenheit, die zur Gegenwart geworden ist. Plötzlich mag man die Pflege der Parkbeamten nicht, die sich der westlichen Landsitze annehmen; Armut und Verwahrlosung scheinen die treuesten Bewahrer des Gewesenen.

Doch Schinkel war kaum weniger Neuerer als Traditionalist, und nicht selten nahm seine Genialität auch gewaltsame Züge an. Als Erneuerer der Stadtbaukunst brach er mit der barocken Überzeugung, daß das einzelne Gebäude sich einer Straße oder einem Platz einfügen müsse. Immer hatte er das Einzelne, den jeweiligen Bau im Auge, nie das Gesamte eines städtebaulichen Zusammenhangs, weshalb denn seine Architekturen nicht selten fremd zu ihrer Umgebung stehen.

Sein Palais Redern am Brandenburger Tor, maßstabslos und übergroß in seiner sonderbaren Florentiner Renaissance – Graf Redern war ein Bewunderer des Palazzo Pitti –, machte das augenscheinlich. Fast schon grotesk war sein Entwurf eines Denkmaltempels für Friedrich den Großen: ein doppelstöckiger griechischer Tempel, eng an das königliche Schloß gerückt, der durch diese Nähe selber schwerlich zur Geltung gekommen wäre. Nichts von dem, was Schinkel baute und plante, paßte sich seiner Umgebung an, immer war sein Sinn auf Solitäres gerichtet, dessen Bedeutung allein durch sich selbst gerechtfertigt scheint.

Gilt das im Grunde nicht auch für Schinkels unvergängliche Werke inmitten Berlins? Sie stehen zwar im Stadtzusammenhang, doch jedes bleibt sozusagen für sich, Raum um sich herum verlangend und mit der Umgebung nur halb verbunden. Was vor ihm gebaut wird, will frontal gesehen werden; man weiß bei Le Vaus Versailles oder im Falle von Fischer von Erlachs Schönbrunn eigentlich überhaupt nicht, daß diese Gebäude Körper sind, denn man sieht sie, auch in der Vorstellung, immer nur von den beiden Hauptseiten. Schinkel dagegen nimmt die Seitenansicht so wichtig wie die Frontalperspektive, und was neben seinen Bauten steht, eben der Straßenzusammenhang, ist ihm im Grunde gleichgültig. Auch das macht die Neuartigkeit seines Bauens aus, daß er es stets als Singuläres begreift.

Schauspielhaus, Museum und Wache wollen mitten in der Stadt gleichsam als Bauten auf freiem Raum genommen werden

– das Alte Museum steht ja, als Schinkel es entwirft, für sich allein auf der späteren Museumsinsel; das Schauspielhaus ruht für sich in seinem Platzgeviert, und die Neue Wache wird ganz allein auf die »Linden« gesetzt. Nur die innere Monumentalität des Baus verleiht ihm sein Gewicht neben dem gewaltigen Zeughaus und gegenüber der verspäteten ›Königlichen Bibliothek‹, denn der hochbarocke Bau wird errichtet, als eigentlich der Vorklassizismus schon auf der Tagesordnung stand; die Berliner nennen ihn seiner Form wegen respektlos »Kommode«.

Der Weg von Schinkel in das späte 19. Jahrhundert führte deshalb nur folgerichtig in die Vereinzelung, und da es dann keine Baumeister seines Genies mehr gab, wurde die Stadt zerrissen durch fremd in ihrer Umgebung stehende Gebäude, Ihnes Staatsbibliothek oder Wallots Reichstagsgebäude. Schinkel war übergroß. Aber seine Art zu bauen verlangte auch Größe; wo Durchschnittliches an seine Stelle trat, wurde das überlieferte barocke Gleichmaß, das überall hatte dienen wollen, beschädigt. In der Mitte des Jahrhunderts ist Berlin mit Hilfe Schinkels eine der großen Städte Europas; als das Jahrhundert zu Ende geht, ist Berlin dabei, eine amorphe Weltstadt zu werden, in die nur hier und da grandiose Dinge eingesprengt sind. Ist es ganz ungerecht, in Schinkel den Vollender wie den Zerstörer der europäischen Stadtbaukunst zu sehen?

Einzelne Beobachter haben das früh erkannt. Liest man etwa Max Osborns Alarmruf von der Jahrhundertwende, so glaubt man eine Beschreibung des heutigen Berlin zu lesen: »Wir, wir selbst sind die Zerstörer Berlins. Mit einem Eifer und einer Rastlosigkeit, als gelte es, eine große und gute Tat zu tun, sind wir dabei, die Reste der schönen Stadt zu vernichten. Denn, so wunderbar es klingen mag: Die Residenz der Preussenkönige war einmal eine schöne Stadt. Ja, mehr als das: Sie war überhaupt eine Stadt, während sie heute mehr und mehr den Charakter einer Häuseransammlung ohne besondere Merkmale annimmt. Immer wird alles häßlicher und zeitloser statt schöner. Für eine so schwächliche Zeit wie die unsere ist dreifacher Respekt gegen die Überbleibsel der Vergangenheit geboten. Aber die Respektlosigkeit gegen die Denkmäler der Stadt ist bei uns eine liebe alte Gewohnheit.«

Dieses Nur-auf-sich-selber-Achten aller Schinkelschen Architektur kommt in den Havel-Residenzen glücklich zu seinem Recht. Hier steht das Einzelne inmitten der Natur, von milden Hügeln umgeben, am Rande der seenartig erweiterten Havel und von Wäldern gesäumt, die Lenné und Fürst Pückler ins Parkartige wendeten. Nichts beeinträchtigt die villenartigen Schlösser, die kaum das Maß eines Dithmarschen Bauernhauses haben.

Immer will Schinkel, selbst wo er in der Stadt baut, die Natur, entwirft seine Häuser inmitten gedachter Landschaften. Architektur verneint die Natur, Bäume auf dem Forum Romanum sind so undenkbar wie auf Berninis Petersplatz. Der Baum ist für eine klassische Straße etwas Störendes, und nur im Norden möchte man die Natur in die Stadt holen, was alle Zugereisten an Berlin so überraschend finden. Auch Schinkel will das Natürliche immer, pflanzt sich, wo die Wirklichkeit sich ihm versagt, ein Kastanienwäldchen bei der Neuen Wache. Auf fast allen seinen Architekturzeichnungen steigert das Organische durch den Kontrast das Konstruierte.

Die Neue Wache, jenes winzige *castrum* neben Nerings gewaltigem Zeughaus, ist nicht nur deshalb ein Triumph der Form über das Vorgefundene, weil er hier aus dem kleinsten denkbaren Volumen die größte Monumentalität gewinnt. Wichtiger ist, daß das sie Säumende, das Kastanienwäldchen, die Landschaft gleichsam in die Stadt bringt und die Perspektive des königlichen Boulevards unterbricht.

Schinkel hat solche Zutat des Natürlichen in fast allen seinen Architekturzeichnungen untergebracht. Es gibt nur wenig Pläne von ihm, die nicht die Umrisse von Bäumen neben die imaginierten Architekturen stellen, weshalb denn die Postmoderne gern »Schinkelsche Natursilhouetten« in ihre Entwürfe montiert, oft die Dürftigkeit ihrer Werke durch entliehene Schinkel-Bäume verdeckend. Gewachsenes und Gemachtes – auch das ist ein Gegensatzpaar, das Schinkel in die Geschichte des Bauens einfügt, und das es weder bei Palladio noch bei Nash gibt.

Die Widersprüchlichkeit Schinkels, die Paradoxie seines Werkes wie seiner Existenz, gibt sich auch hierin zu erkennen. Mit Schinkel kommt man nie zu Rande. Eben meint man, er wäre von der antiken Form – dem Pomona-Tempel in Potsdam – ausgegangen, habe dann einen kurzen Ausflug in die Gotik unternommen – das Kreuzberg-Denkmal und all die gewollten Kathedralen –, um schließlich bei seinem sonderbar modernen Klassizismus zu enden, mit dem er sein eigentliches Wort gesprochen habe. Aber zur selben Zeit träumt er von arkadischen Einsiedeleien, und ganz zum Schluß zeichnet er die grandiosen Unwirklichkeiten der Schlösser auf der Akropolis oder auf der Krim, ein Rationalist, der am Beginn des Massenzeitalters Arkadien sucht. Worüber hat er mit Thorwaldsen gesprochen, als der ihn, nach monatelanger Bewußtlosigkeit, an seinem Krankenlager besuchte, und beide in Gespräche versunken waren? Von der *via Sistina*, die sie so geliebt hatten und die ihnen südliche Wirklichkeit und Wiederkehr der Antike war? Kurz darauf starb Schinkel, und er nahm auch dieses Geheimnis mit ins Grab.

Sonderbar anspruchslos ist diese preußische Militärmonarchie. Die Kurfürsten bauen sich einen Kranz von ländlichen Sitzen in die Mark; der grobschlächtige Soldatenkönig errichtet sich mit dem ›Stern‹ ein Jagdschloß von solcher Dürftigkeit, daß es sich in Othmarschen oder in Grünwald sonderbar ausnähme. Man versteht den amüsierten Satz Friedrichs des Großen, seine Ahnen auf dem Thron hätten »die dollste Wirtschaft von der Welt« geliefert, als sie ihre Schlösser ausbauen ließen. Ihre Vettern, die Bourbonen wie die Habsburger oder die Romanows planen zur selben Zeit wirklich ins Große. In Berlin aber hat gerade die Monarchie immer einen Hang ins Private gehabt.

Wilhelm, der erste Kaiser des Deutschen Reiches, behält zeitlebens jenes Babelsberg als Sommersitz, das er sich als jüngerer Königssohn in den ersten Jahrzehnten des Jahrhunderts gebaut hat. Sein Sohn, der Neunundneunzig-Tage-Kaiser Friedrich III., zieht in das Neue Palais Friedrichs des Grossen. Und obwohl der letzte Kaiser der Hohenzollern, Wilhelm II., genau dreißig Jahre auf dem Thron seiner Väter bleibt, läßt er sich nicht ein einziges Jagdhaus errichten, sehr im Gegensatz zu seinem österreichischen Verwandten Franz Joseph, der sich wenige Jahre vor dem Weltkrieg seine Hofburg durch Gottfried Semper ins Imperiale bauen läßt. Anders übrigens auch als seine englischen Vettern, die noch 1912, beim Flackern der ersten Blitze, in deren Schein das alte Europa untergehen wird, den Buckingham Palace mit einer neuen Fassade versehen. Noch der letzte Kronprinz der Hohenzollern, den es geben soll, baut sich in Potsdam kein Schloß, sondern ein Fachwerkhaus im englischen Stil, während Krupp, Siemens und Borsig sich zur selben Zeit wirkliche Paläste errichten, die bourgeoisen Schlösser der Industrieherren.

Prinz Friedrich Wilhelm, Prinz Carl und Prinz Wilhelm dagegen bescheiden sich. Dem Kronprinzen schenkt sein königlicher Vater ein besseres Bauernhaus im Park von Sanssouci, das ihm Schinkel mit geringen Mitteln zu einem Wunderwerk des Klassizismus umbaut, die Villa Charlottenhof. Sein jüngerer Bruder, Prinz Carl, muß sich ein bestehendes Gutshaus kaufen, das er – ebenfalls von Schinkel – sogleich umbauen läßt. Daraus wird das klassizistische Kleinod Klein-Glienicke.

Da die Brüder sich alle gut miteinander stehen, überreden sie den dritten Bruder, Prinz Wilhelm – der unerwarteterweise durch den frühen Tod Friedrich Wilhelms auf den Thron kommt –, sich gleich gegenüber, auf der anderen Seite der Havel, ebenfalls ein sandiges Stück Boden zu kaufen. Wilhelm wird sich im »Tudor-Stil« ein Sommerhaus darauf bauen. Der Architekt ist natürlich Schinkel, der gar nicht sehr glücklich gewesen zu sein scheint, daß er auf Wunsch seiner königlichen Bauherren einen Ausflug ins englische Altertum machen muß.

Schinkel stirbt während dieses Baus, und Wilhelm hat auch mit seinen neuen Architekten kein Glück. Einer nach dem anderen stirbt ihm weg, und jeder neu Hinzutretende bleibt hinter dem Talent seines Vorgängers zurück, bringt den energischen Wünschen von Wilhelm und dessen Weimarer Gemahlin weniger Widerstand entgegen. Babelsberg, das in die europäische Geschichte eingehen soll, weil hier der König den pommerschen Junker Bismarck zum preußischen Ministerpräsidenten ernennt, ist heute eine ziemliche Mißgestalt und empfängt seinen Charme nur von der Lage am Ufer der Havel, die glitzernd zwischen den Stämmen der Bäume heraufblinkt. Eine Feenwelt das Ganze, bescheiden, fast ärmlich, wenn man bedenkt, daß die Monarchie der Hohenzollern damals aus dem Preußischen ins Deutsche und dann gar ins Europäische wächst.

Wie klar und rein in seinem Willen zur Klassik ist noch Charlottenhof, fast so streng wie der Pavillon, den Schinkel ungefähr gleichzeitig für den König selber im Park des Schlosses Charlottenburg baut. Der verwitwete Monarch erlebt dort nach dem Tode der Königin Luise ein mildes Abendglück mit seiner morganatischen Frau, der Fürstin Liegnitz. Als Schinkel dann für den Prinzen Carl, der über eine eher bescheidene Privatschatulle verfügt, das alte Gutshaus der Hardenbergs in Klein-Glienicke umbaut, mischen sich schon Sehnsuchtselemente in die Antikenverehrung. Überall – am Haus wie im Park – sind Erinnerungen an den Süden untergebracht, Zeugnisse jener Reisen, die den königlichen Touristen immer wieder nach Italien geführt haben.

Nur wenig später bringt sich die Liebe zur Vorzeit immer stärker zur Geltung. Als Wilhelm, der Sieger von Königgrätz und Sedan, schließlich Babelsberg immer weiter ausbauen läßt, hat die Schwärmerei für das Mittelalter von der Epoche Besitz ergriffen. Inzwischen ist das Industriezeitalter angebrochen, überall werden Hochöfen aufgezogen, Schornsteine ragen weithin über die Landschaft hinaus, und Berlin ist auf dem Wege, die erste Industriestadt des Kontinents zu werden. Aber man träumt sich in ferne Zeiten zurück, will ein Kastellan sein und ein Haus mit vielen Türmen und Zinnen besitzen, ein schottisches Castle, eine einsame Burg am Rande des Moors, alles Fluchtpunkte einer zeitentrückten Sehnsucht, die so überaus zeitgemäß war. Grüßt nicht Babelsberg, einem englischen Landsitz aus früheren Jahrhunderten gleich, durch die Bäume auf das Wasser hinunter?

Nur Fischerkähne und Segelbarken ziehen dort ihres Wegs, die Leinwand bauchig gebläht und der Untiefen wegen die Mitte des Stromes suchend. Die Zeit, da Schleppkähne, Motorboote und Sportyachten die Einsamkeit unterbrechen und zerstören, kommt erst in ein paar Jahrzehnten. Schinkel hat dergleichen nie gesehen. Man muß mit der Erinnerung, nicht nur mit dem Auge zu sehen verstehen, um die Welt zu begreifen, für die das alles entworfen war.

Das gilt selbst für die Millionenstadt, für die – nimmt man es genau – Schinkel niemals gebaut hat. Berlin bleibt in jenen zwei Jahrzehnten zwischen 1820 und 1840, da seine große Bauten für die Residenzstadt entstehen, eine Stadt von kaum einhundertfünfzigtausend Einwohnern. Nach unseren heutigen Maßstäben ist es eine Kleinstadt, für die der königliche Oberbaurat seine Meisterwerke entwirft; die Hauptstädte Englands, Schottlands und Frankreichs zählen da schon längst mehr als eine Million Bewohner.

Das muß man im Auge behalten, wenn man seinen Kunstwillen begreifen will, denn er denkt ins Große, auch wo er ins Kleine baut. Für das preußische Königshaus muß er sich notgedrungen nach der Decke strecken, aber als nach dem Befreiungskampf der Griechen gegen das osmanische Imperium ein neues Königreich in Athen gegründet wird, entwirft er eine Residenz auf der Akropolis, die deutlich zu erkennen gibt, in welche Größenordnung eigentlich seine Vorstellungen gehen.

Einmal schien ihm der große Auftrag tatsächlich zu winken, der ihm Zeit seines Lebens vor Augen gestanden hatte. Die russische Zarin, eine Hohenzollern-Prinzessin, will der kaiserlichen Familie eine heitere Palastanlage am Gestade des Schwarzen Meeres auf der Krim bauen, und sie fragt ihren königlichen Bruder in Berlin, an welchen Architekten sie sich wohl wenden solle. Natürlich empfiehlt ihr Friedrich Wilhelm seinen Schinkel. Das Schloß Orianda, eine Palast-Anlage, die an die Residenzen römischer Kaiser erinnert, wird das nie gebaute Märchenschloß Schinkels, anders und weit grandioser gedacht als die Wirklichkeit gewordenen Träume des bayerischen Märchenkönigs.

Das sind die Enttäuschungen dieses Lebens. In der Frische seiner Jugend kann er nicht bauen, weil Preußen zwischen den Niederlagen von Jena und Auerstädt und den Siegen von Leipzig und Waterloo keine Mittel hat; damals ist er auf Bühnenbilder und Gemälde verwiesen. Auf der Höhe der Meisterschaft seiner fünfziger und sechziger Jahre aber bleiben ihm die ganz großen Aufträge versagt, und nur an Entwürfen, Dioramen, colorierten Plänen läßt sich ablesen, wie er Traum, Phantasie, Mathematik und Rationalität verbunden hätte.

Es sollte nicht sein, und auch das zählt zu den Mißgeschicken der preußischen Baugeschichte. Der erste große Baumeister des Landes, Andreas Schlüter, verlor die Gnade des Königs, weil sein contre cœur errichteter Münzturm des morastigen Untergrunds wegen abgetragen werden mußte; Schlüter suchte Zuflucht im fernen Zarenreich. Gilly aber, das Frühlicht am Firmament der preußischen Klassik, der schon Mitte der Zwanzig sein Wunderwerk für Friedrich den Großen entworfen hatte, starb mit noch nicht einmal achtundzwanzig Jahren. Und Schinkel verweigerte erst die Not der Epoche und schließlich der vorzeitige Tod die gebaute Vollendung seines Genies.

Soll man nicht auch Mies van der Rohe dazurechnen, den letzten Erben der Schinkel-Schule? Nie hat er, solange er in Deutschland war, einen seiner großen Träume in die Tat umsetzen können, etwa das Gläserne Hochhaus am Bahnhof Friedrichstraße oder seinen Entwurf des Alexanderplatzes. Lange blieb er deshalb auch nach 1933 im Dritten Reich, denn er hoffte noch immer, Großgedachtes für Hitlers neues Deutschland bauen zu können. Er hielt sogar mit Speer Kontakt, um das Regime von dem ihm eigentlich angemessenen Baustil zu überzeugen.

Dann endlich, 1937, folgte er den anderen Emigranten in die Neue Welt, und dort, in New York und in Chicago, wurde der Verehrer Schinkels ein amerikanischer Architekt, der die Weltsprache des modernen Bauens wie kein anderer prägte. Spät erst, kurz vor seinem Tode, kehrte er in sein in früher Jugend geliebtes Berlin zurück, um als Gegenstück zu Schinkels Altem Museum ein neues Museum zu bauen, die Neue Nationalgalerie.

Es bleiben die vier großen – groß nicht, was die Baumassen, sondern was die Idee anlangt – Berliner Bauten: die Neue Wache, noch in der Armut Preußens nach den Freiheitskriegen errichtet; das Alte Museum, das sich die Monarchie für die königlichen Kunstsammlungen gleich gegenüber dem Schloß baute; die Bauakademie mit ihrem roten Backstein und das Schauspielhaus auf dem Gendarmenmarkt. Aber bei diesem Bauwerk, das heute, nach dem Abriß des Schlosses, für das klassische Berlin stehen muß, hatte sich Schinkel schon wieder bescheiden müssen.

An seiner Stelle, neben dem Deutschen und dem Französischen Dom, hatte einst das ›Comödienhaus‹ gestanden. Dann war es abgebrannt, und Langhans, der Erbauer des Brandenburger Tores, hatte ein neues Theater aufgeführt; übrigens ziemlich belanglos. Auch dieser Bau jedoch brannte nach nur drei Jahrzehnten ab, und natürlich erhielt Schinkel, der längst unbestritten als der Erste der zeitgenössischen Architektur galt, den Auftrag zu einem neuen Königlichen Schauspielhaus.

Aber der sparsame König hatte wieder einmal kein Geld, und so gab er seinem Architekten die Anweisung, die Fundamente und Grundmauern des Langhans'schen Gebäudes zu verwenden, was für manche Sonderbarkeit des Grundrisses und der Raumgliederung mit immer neuen Treppenanlagen, Emporen und Vestibülen verantwortlich ist. Der eigentliche Zuschauerraum mußte daher notgedrungen vergleichsweise klein ausfallen. »Ach, ein Theaterchen«, soll Friedrich Wilhelm III. beim ersten Rundgang durch das Schauspielhaus zu Schinkel gesagt haben, »hat er auch eingebaut. Das ist aber nett von ihm.«

Drei dieser Bauten wurden im Ruinenzustand gerettet, wenn auch erst Jahrzehnte nach dem Krieg. Die Bauakademie dagegen, die der Architekt selber so liebte und die eine neue Epoche preußischer Baukunst einleitete, hatte die Bombardements zwar ausgebrannt, aber in der Substanz nahezu unbeschädigt überstanden. Schon hatte man mit der Wiederherstellung begonnen, das Dach weitgehend gedeckt und sogar die Keramik neu gebrannt, um Kriegsschäden auch in der Fassade zu beseitigen; da befand Ulbricht – nicht das Zentralkomitee und nicht das Politbüro der Kommunisten, sondern er ganz persönlich –, daß Schinkels Vermächtnis gesprengt werden müsse, weil er an dieser Stelle sein Außenministerium errichten wollte.

Sinnlos steht der Riegel heute zwischen Knobelsdorffs Oper und Schinkels Museum, die Banalität, nein, die Vulgarität der untergegangenen Funktionärsherrschaft für alle Zeiten vor Augen führend. Mittlerweile allerdings scheint man darin übereinzustimmen, daß das Alterswerk Schinkels nach einer Abtragung des Außenministeriums wiederhergestellt werden muß: der Architektur wegen, um des Stadtzusammenhangs willen und Schinkel zu Ehren. Dann wäre mit dem Potsdamer Pomona-Tempelchen des Neunzehnjährigen und der Bauschule des Sechzigjährigen Schinkels gebautes Werk zumindest in den beiden Bauten wiederhergestellt, die sein Lebenswerk umschließen.

Paretz war der Lieblingsort Friedrich Wilhelms III. und der Königin Luise. Die alte Dorfkirche aus der Ordenszeit wendete der ältere Gilly mit ein paar Handgriffen ins Neugotische.

Die Pfaueninsel, inmitten der sich hier seenartig erweiternden Havel gelegen, war für ein halbes Jahrhundert Schauplatz der Träume und Sehnsüchte ihrer königlichen Besitzer. Das Schlößchen im Ruinenstil grüßt zu Friedrichs Ruinenberg herüber, denn Potsdam liegt nur ein paar Ruderstöße flußabwärts.

Die Welt zwischen Berlin und Potsdam erinnerte Stendhal an Traum und Zauber des Lago Maggiore. Die Poesie der Landschaft wurde durch die kleinen Schlösser Schinkels noch gesteigert, durch das Kasino des Schlosses Glienicke wie durch Schloß Charlottenhof im Park von Sanssouci am anderen Ufer der Havel.

Im 19. Jahrhundert brachte sich die Liebe zur Vorzeit immer stärker zur Geltung. Auf Wunsch des Prinzen Wilhelm, des späteren Königs und Kaisers, gab Schinkel dem Schloß Babelsberg den Anstrich englischer Burgen der Tudor-Zeit.

Wirklicher, nicht erträumter Gotik entstammte die alte Gerichtslaube in Berlins Stadtmitte, die in der Mitte des 19. Jahrhunderts einem Neubau weichen mußte. Der Prinz von Preußen holte sie nach Babelsberg und ließ sie dort Stein für Stein wieder zusammenfügen.

Das Alte Museum ist der Höhepunkt des Berliner Klassizismus. Schinkel bezog den Bau auf die Achse des Stadtschlosses, so daß das wiederhergestellte Bauwerk heute sonderbar in der Leere der abgeräumten Architekturen steht.

ARTIVM LIBERALIVM MVSEVM CONSTITVIT MDCCCXXVIII

Schinkels Neue Wache war nur schwer beschädigt durch den Krieg gekommen, und noch Jahre nach dem Kriege brachen Teile der Außenwand zusammen. Ulbricht wollte das Castrum demontieren lassen; der sowjetische Stadtkommandant in Karlshorst jedoch ordnete seine Rekonstruktion an.

Dreimal das Kronprinzenpalais. Rechts oben eine Aufnahme aus den Tagen des Kriegsbeginns mit dem Schloß im Hintergrund, darunter dieselbe Perspektive fünf Jahre nach dem Krieg: Während von dem Palais kaum mehr die Außenhaut steht, sind Kommandantenhaus und Bauakademie nahezu unbeschädigt. Links oben der heutige Zustand: das wiederhergestellte Palais und – anstelle von Schinkels Meisterwerk – Ulbrichts Außenministerium.

Als die Aufräumungsarbeiten abgeschlossen waren, zeigte sich, wieviel vom klassischen Berlin erhalten geblieben war, auch Schinkels Bauakademie (auf dem Photo rechts). Dann wurde alles abgerissen bis auf die neugotische Friedrich Werdersche Kirche.

Das Brandenburger Tor, mit dessen Bau im Jahr der Französischen Revolution begonnen wurde, eröffnet nicht nur die »Linden«, also den Eingang nach Berlin, sondern auch den in die klassische Periode der Berliner Architektur. Alles Vorausgegangene, auch die Bauten Friedrichs des Großen, gibt es ebenso oder bedeutender an anderem Ort. Das Rokoko Potsdams und Berlins, so bezwingend Sanssouci auch immer ist, hat in Dresden und Würzburg durchaus seinesgleichen, und man kann mit guten Gründen darüber streiten, ob nicht Pöppelmanns Zwinger und Balthasar Neumanns Residenz der friderizianischen Feenwelt Knobelsdorffs voransteht. In allem ist es ja immer auch die Gestalt des fünfunddreißigjährigen Königs, die unser Gefühl bestimmt.

Der König auf seiner Havelinsel führt keine neue Epoche des deutschen Bauens herauf; er schließt seine beiden Residenzen nur an den allgemeinen Strom der Entwicklung an. Erst fünfzig Jahre später, mit dem Beginn der klassizistischen Epoche, übernimmt Preußen auch in der Architektur die Führung, und das Brandenburger Tor ist die Pforte, durch die der neue Stil das Jahrhundert betritt.

Man kann sich die schon räumliche Mächtigkeit dieses Gebäudes, das die Propyläen von Athen in die Mark Brandenburg holt, gar nicht imposant genug vorstellen. Die »Linden«, im späten 18. Jahrhundert eine ländliche Allee, sind noch weit davon entfernt, ein königlicher Boulevard zu sein. Hier und da sind zwar kleine Palais' in die Reihe der oft nur eingeschossigen Bebauung eingesprengt, aber es fehlt noch alles, was sich wenige Jahrzehnte später der Erinnerung einprägen wird. Das bekannte Bild Chodowieckis vom ersten, noch hölzernen Brandenburger Tor zeigt noch in der zweiten Hälfte des 18. Jahrhunderts, daß das sandige Areal, das später als Pariser Platz einer der wirklich königlichen

Plätze der Residenzstadt ist, wenig mehr als ein freier Raum vor der Akzisemauer ist. Da beginnen die »Linden«.

Auf der berühmten »Lindenrolle« von 1822 ist noch eine Generation später zu ahnen, wie maßstabslos dieser gewaltige Torbau um 1795 gewirkt haben muß. Ein paar kleine Kaffeehäuser, zwei oder drei Hotels – das Hotel »Petersbourg« und das Hotel »La Russie« – , die man in Paris oder London kaum ernstgenommen haben würde. Sonst nur Bürgerhäuser, in denen Obristenwitwen, Handschuhmacher, Hofbeamte und Konditormeister wohnen; eine Mischung der Stände, die sich auf dem späteren Prachtboulevard sehr merkwürdig ausnimmt und die man fast demokratisch nennen würde, wenn dieses Wort in jener Zeit irgendeine Bedeutung gehabt hätte.

Erst eine halbe Meile weiter nach oben wird sie eine Avenue mit dynastischen oder sakralen Bauten, die einer königlichen Residenzstadt angemessen sind: Nerings Zeughaus, die eher ungeschickte Königliche Bibliothek, das Knobelsdorffsche Opernhaus, das Palais des Prinzen Heinrich, das dann in den Jahren zwischen den Niederlagen von Jena und Auerstedt und der Völkerschlacht von Leipzig zur Universität wird, die Hedwigskirche und schließlich der mächtige Bau des Königlichen Schlosses, durch dessen Beseitigung den »Linden«, wie im Grunde der ganzen Stadt, Mitte und Maßstab genommen worden sind.

All das aber, was der späteren Prachtstraße europäische Bedeutung gab, fehlte noch, als Langhans sein Tor baute: die Neue Wache, das einen Steinwurf weit entfernte Schauspielhaus und schließlich das Alte Museum, das Berlin ein für alle Mal sein antikisches Antlitz geben wird.

Mit diesen drei Bauten, zu denen dann noch Schinkels Lieblingsarchitektur, die Bauakademie, treten sollte, wird Berlin die eigentlich klassische Stadt auf deutschem Boden und zugleich das Vorbild für ein halbes Dutzend weiterer deutscher Residenzstädte, für das München der Wittelsbacher ebenso wie für das Karlsruhe der Markgrafen von Baden oder das Hannover der Welfen, von den Bürgerstädten, etwa dem von Hansen geprägten Hamburg oder dem Bremen Rutenbergs, ganz zu schweigen.

In einem kaum glaublichen Maß wird für ein halbes Jahrhundert der Klassizismus die Sprache der Epoche. Doch in all den Schlössern, Theatern, Museen, Bahnhöfen und Kurhallen, von Laves' Leineschloß in Hannover über Ottmers Braunschweiger Residenz (von der niemand mehr weiß, weshalb man sie eigentlich nach dem Krieg abgerissen hat) bis zu Cremers Aachener Theater, bedient man sich im Grunde nur des vorgegebenen Formenreservoirs, das von den vierziger Jahren an immer ausgedünnter wird, so daß schon begreiflich ist, weshalb man in der Jahrhundertmitte zu anderen Stilen Zuflucht nimmt; gerade die begabtesten Enkel wie Gottfried Semper und Ludwig Hoffmann suchen sich in dem zu Ende gehenden Jahrhundert von der Schablone zu befreien. Aber noch in der Rebellion gegen den Geist der Epoche zeigt sich dessen Übermacht.

Nur Schinkel selber ist in jedem Moment durchaus unvergleichlich. Mühelos meistert er, was aller historisch inspirierten Kunst als Widerspruch zugrunde liegt, indem er das Individuelle im Verschiedenen, das Bild des Eigenen im Fremden findet. Das gilt für den Potsdamer Pomona-Tempel auf dem Pfingstberg ebenso wie für die großen Berliner Bauten der zwanziger und dreißiger Jahre oder die unausgeführten Visionen für die Schlösser auf der Akropolis und auf der Krim, die er in den letzten Jahren vor seinem Tod zeichnet. Man versteht schon, weshalb einer der Vorkämpfer der Postmoderne, Charles Moore, vor dem Schinkel-Pavillon im Schloßpark von Charlottenburg niederkniete, weil er von solcher Vollendung gänzlich überwältigt war.

Natürlich haben die Propyläen Klenzes und seine Glyptothek auf dem Münchener Königsplatz ihre Würde, aber seine anderen Münchener Bauten, all die pathetischen »Ruhmeshallen«, »Befreiungshallen« und »Walhallas« sind bei Lichte besehen genauso deklamatorisch und im Grunde unsinnlich wie sein Münchener Königsbau, die scheinbaren Paläste auf der Ludwigstraße (die in Wirklichkeit nur Behörden beherbergen) und die historischen Zitate der anderen Münchener wie Karl von Fischer und Friedrich von Gärtner, die bayerischer Lokalstolz oft trotzig gegen Berlin gestellt hat. Ein einziger Vergleich der Münchener Residenz mit der Villa Charlottenhof macht anschaulich, wie groß der Abstand vom Genie zum Talent ist. Vielleicht ist der frühe Weinbrenner der neunziger Jahre der einzige, der neben Schinkel zählt. Aber keiner seiner Entwürfe wurde ausgeführt, und als er zwanzig Jahre später zum Bauen kam, war die Kühnheit des jugendlichen Elans schon verflogen.

Merkwürdigerweise kommt die klassizistische Anstrengung in Berlin während der Regierungszeit Friedrich Wilhelms III. auf ihren eigentlichen Höhepunkt, obwohl der eher biedere König allem Anschein nach nie recht begriffen hat, daß sein Preußen geistig damals zu sich selbst findet. Gleichwohl darf man nicht vergessen, daß es der König war, der Schinkel zwang, für Königin Luise anstelle einer gotischen Grabkapelle das klassische Mausoleum im Park des Schlosses Charlottenburg zu errichten, für das er eigenhändig seine Vorstellung zu Papier brachte. Überhaupt scheint seine trockene Nüchternheit den Überschwang Schinkels mitunter vorteilhaft gedämpft zu haben.

Auf eigene Faust verhinderte er nicht nur die gotische Kathedrale, die Schinkel für die Befreiungskriege auf dem Leipziger Platz zu bauen gedachte (wo Gilly schon das Wunderwerk des Klassizismus, seine Tempel-Anlage für Friedrich den Großen, errichten wollte), sondern er gab auch der Neuen Wache die endgültige Form, und obwohl Schinkel auch dafür eine Fülle von Entwürfen in allerlei Stilen vorgelegt hatte, erzwang Friedrich Wilhelm III. die »griechische Form«. Schinkel selber hätte am liebsten lauter Kreuzberg-Denkmäler errichtet.

So geht die Rolle der preußischen Könige als Bauherren weit über das übliche Maß hinaus. Sie beginnt mit dem holländischen Entwurf des Soldatenkönigs für das Jagdschloß ›Stern‹, setzt sich fort in den Handskizzen Friedrichs für fast alle seine Bauten und dem Hinweis Friedrich Wilhelms II., Langhans solle sich für das Brandenburger Tor die Athener Propyläen als Vorbild nehmen, und endet mit den Entwürfen Friedrich Wilhelms IV., der seine an den oberitalienischen Kirchen geschulten Vorstellungen mitunter kräftiger zu Papier bringt als seine Baumeister. Auch das gehört in die Geschichte der preußischen Architektur und zumal in die des Klassizismus, der ohne seine Monarchen nicht so geworden wäre, wie er war.

Wie häufig in aller Kunst, ist der Auftakt zu einer Epoche eindrucksvoller noch als deren volle Entfaltung. Der Vor- und Frühklassizismus des 18. Jahrhunderts erscheint im nachhinein wichtiger als die so lange im Vordergrund der Aufmerksamkeit stehenden Baumeister der Jahrhundertmitte. Neben dem grandiosen Anfang mit Erdmannsdorffs kleinen Garten-Pavillons in Wörlitz sind es im Grunde wenig bekannte Architekten einer Zwischenzeit, die dem vorausgingen, was in den nächsten Jahrzehnten Furore machen sollte: das unter Goethes Einfluß entstandene ›Römische Haus‹ von Johann August Arens (das Friedrich Gilly fasziniert ein Jahr vor seinem Tod zeichnet), die Braunschweiger Villa ›Salve Hospes‹ von Peter Joseph Krahe, David Gillys ›Haus Vieweg‹ in Braunschweig und Heinrich Gentz' Berliner ›Münze‹ oder sein Festsaal des herzoglichen Schlosses in Weimar.

Vor allem im frühen franco-preußischen Stil zwischen 1790 und 1800, der mit seinem sparsamen Vokabular stereometrischer Körper überall den Einfluß der französischen Revolutionsarchitektur verrät, kündigt sich das Kommende an. Die beiden Gillys – Vater und Sohn – und die Zeichner und Architekten Carstens, Genelli und Flaxmann sind Urheber dessen, was sich erst nach ihnen entfalten wird. Aber es ist schwer zu sagen, ob das neue Wollen zur Klassik wirklich von Boullée und Ledoux herkommt, so sehr Gilly und Schinkel die Franzosen auch bewunderten. Die Sehnsucht nach der antiken Form, nicht nur in der Architektur, sondern selbst im Dekor, wie der englische Cutsteel und der preußische Eisenschmuck zeigen, war lange vor Paris da und kommt wie alles Neuartige damals eher aus London. Der Palladianismus Englands, der in der Epoche des Rokoko seinen Höhepunkt erreicht, signalisiert frühzeitig, daß neue Ideale die Gedanken und Gefühle beherrschen.

Man soll vorsichtig sein mit der Verbindung zwischen der Architektur des Klassizismus, dem aufklärerischen Impuls und dem rationalistischen Ideal, das der Revolution vorhergeht. Natürlich gehört der Wille zur Antike in den vorrevolutionären Elan des zu Ende gehenden *dixhuitième*, auch wenn Europas Fürsten nur wenig davon geahnt haben. Aber der Klassizismus ist auch das Gegenteil. Als der neue Stil historisch triumphiert, nach dem siegreichen Abschluß der antinapoleonischen Kriege, ist inzwischen überall die Restauration zum Zuge gekommen. Zumal Deutschlands Städte nehmen ihre klassische Gestalt erst an, als Metternich und Gentz mit den Karlsbader Beschlüssen längst die Entwicklung anzuhalten suchen, die ihnen eine Bedrohung ganz Alteuropas scheint.

Der Tempel will die Dauer, will nicht in der Zeit zurück, sondern außerhalb von ihr stehen, und es ist rührend zu sehen, wie von Wiesbaden bis Baden-Baden ganz Europa sich mit Monumenten des Altertums überzieht, während doch das Zeitalter vor dem Untergang steht, in dem russische Großfürsten in Badenweiler Brunnenwasser trinken und Bakkarat spielen. Die Revolution ist unaufhaltbar, und am Ende steht die egalisierte Gesellschaft, die von all dem nichts mehr weiß. Schinkels Tempel war ein Versuch, die Zeit anzuhalten; aber sie ging auch über ihn hinweg, über sein gotisches Kreuzberg-Denkmal wie über sein antikes Mausoleum im Schloßpark Charlottenburg.

Ein halbes Jahrhundert zuvor war noch Aufbruch gewesen, was später wie Rückzug erschien. Die deutsche Kolonie in Rom – Dichter, Maler und Architekten – vereinte in den letzten beiden Jahrzehnten des 18. Jahrhunderts die führenden Köpfe des wiedererstandenen Griechentums. Um Goethe und Hackert scharen sie sich früher oder später fast ohne Ausnahme – Krahe, Jussow, Hansen, Gentz und der ganz junge Weinbrenner. Der deutsche Klassizismus ist in diesem römischen Freundeskreis geboren worden, und irgendwann standen sie alle vor den Tempeln von Paestum, wo sich ihnen die lebendige Anschauung der Ruinen Griechenlands mit der Gegenwart Roms verband.

Es ist das letzte Mal, daß die Ewige Stadt für den deutschen Geist eine solche Rolle spielt. Genelli ist von 1785 an drei Jahre dort, Gentz erhält zwischen 1790 und 1793 dort seine lebenslange Prägung, und Schinkel verbringt 1803 und 1804 – fast schon als Nachzügler – glückliche Jahre in Sizilien und Rom. Ein Vierteljahrhundert nach dem römischen Kreis um Tischbein und Goethe versammeln sich dort um Humboldt noch einmal deutsche Künstler, von Joseph Anton Koch über Rauch und Schlegel bis zu den Deutschrömern der zweiten Generation.

Doch der deutsche Klassizismus ist nicht nur eine Sache bildnerischen Antiken-Verlangens und keine bloß literarische Schwärmerei, er ist auch und vor allem Genuß der Gegenwart. In Goethes ›Römischen Elegien‹ und in den Bildern der folgenden Jahrzehnte – wie in Catels ›Spanischer Weinschenke‹, wo der Wittelsbacher Kronprinz sich im Kreise von Malern, Bildhauern und Architekten in aller Ausgelassenheit den Freuden des Landes hingibt – wird die Welt greifbar, in der Rom zum letzten Mal Gewalt über die deutsche Kunst besitzt. Dem preußischen Kronprinzen dagegen, dem späteren König Friedrich Wilhelm IV., untersagt sein Vater die ersehnte Reise in den Süden, da ein zukünftiger preußischer Monarch nicht wie schwärmerische Künstler nach Italien wandern dürfe. Sein Skizzenbuch ist voll geträumter Felsennester in mediterraner Landschaft; Phantasie muß ihm die Wirklichkeit ersetzen.

Eine Generation später wird es Paris sein, das die Bezauberung durch die Ewige Stadt ablöst; zugleich endet die Macht der Klassik über die deutschen Künstler. Die französischen Impressionisten ziehen die Maler nach Paris und zur Ile de France, und wenn man im neuen Jahrhundert wie Thomas Mann nach Palestrina geht, so nicht, um die römische Welt zu entdecken, sondern um in der Serpentara eine Lübecker Kaufmanns-Geschichte zu Papier zu bringen. Noch einmal ein Vierteljahrhundert später, und Rilke und Barlach zieht es gleich nach Rußland, wie nach der Revolution der Bolschewiki so viele Schriftsteller und Architekten.

Damit ist die Geschichte des deutschen Klassizismus endgültig vorbei, vielleicht auch – vorläufig – die Liebesgeschichte des deutschen Geistes mit der Antike. Verloren die Naivität der deutschen Vergangenheitssehnsucht, die noch in ihren unbedeutendsten oder sogar plagiathaften Hervorbringungen soviel begeisterte Unbefangenheit einschloß. Wie anders ist schon Nietzsches Zuwendung zur griechischen Frühzeit, entrückt in sonderbarer Idealität; wie fremdartig und intellektuell gebrochen sind die dionysischen Trancen Böcklins. Weder für die Literatur noch für die Bildhauerei oder die Malerei sollen Rom, das Altertum und der Süden im 20. Jahrhundert eine herausgehobene Rolle spielen, allen Anstrengungen Georges, Hofmannsthals, Benns oder Brochs zum Trotz. Schon Thomas Mann sucht, als er noch einmal den Mythos beschwört, die biblische Überlieferung auf. Aber zwischen Gilly, dem schreibenden und zeichnenden Goethe, Schadow und Schinkel besaßen Rom und Athen noch einmal Macht über den deutschen Geist.

Es ist ein zwiespältiger Abschied. Das Janusgesicht Schinkels, der sein Antlitz halb der Vergangenheit, halb der heraufziehenden technischen Zukunft zuwendet, macht ihn zu der eigentlich modernen Figur unter den Architekten der Zeit. Als er nach England fährt, bewundert er dort die moderne Industriearchitektur und nicht John Nash oder Christopher Wren, zu denen seine Zeitgenossen pilgern. Sein Klassizismus ist vollkommen frei, auch wo er antike Ideen aufzugreifen scheint. Sein Schauspielhaus wirkt nur auf den ersten Blick wie ein ins Große gesteigerter Tempel; in Wirklichkeit beruht sein Konstruktionsprinzip auf einem »mannigfach zusammengesetzten« Rastersystem von Stützen und Balken.

Die Postmoderne, die sich auf ihn beruft, verfehlt auch hier seinen eigentlichen Impuls. Schinkel war in allem Antikischen hochmodern, und seine Klassizität war vom Konstruktiven her gedacht, wie nicht nur die Bauakademie demonstriert. Selbst sein Schauspielhaus, das scheinbar den griechischen Tempel in die Zeit der Eisenbahnen und Dampfschiffe transponiert, ist auf der Höhe der Epoche gedacht, indem er dem Tragwerk aus Stützen und Balken jene Aufgabe zuweist, die die geschlossene Wand in der Antike hatte. Das unterscheidet diesen Bau von den Bühnentempeln Hannovers oder Münchens, die wirklich »die Alten« nachahmen.

Eben hier verläuft die Grenze zwischen Nachahmung und Nachfolge. Die Postmodernen, die von England und Amerika herkommen, gehen fast nirgendwo über die Huldigung an das Überlieferte hinaus. James Stirling, Robert Venturi und Aldo Rossi – um von Minderen zu schweigen – sind in allem Technischen eher unauffällig. Nur *was* sie machen, macht sie interessant; *wie* sie es machen, fällt wenig ins Gewicht. Nichts könnte dem Geist Schinkels ferner sein.

Schinkels Mischung aus Klassizität und Modernität, das Ineins von Romantizismus und Radikalismus, das schon die Entwürfe des älteren Gilly für Hochöfen und Schlösser kennzeichnet, ist die eigentliche Erbschaft der preußischen Architektur der revolutionären Epoche. Die ekstatische Gestik Scharouns, wie sie in seiner Staatsbibliothek, in der er sein krönendes Hauptwerk sah, zum Ausdruck kommt, ist daher eine gebaute Absage an den Geist Schinkels und in diesem Sinne an die Idee Preußens.

Die Modernität des Wilhelminismus

Die Städte und Wohnungen, in denen die Menschen heute leben, erfüllen viel von den Träumen, mit denen das Jahrhundert begann; aber den Träumenden ist unbehaglich. Die Wohnungen, mit denen man nach Heinrich Zille einen Menschen erschlagen konnte, sind aufgeräumt und durchlichtet, die Hinterhöfe, die Mehring zufolge Zuchthaushöfen glichen, sind abgeräumt, und der schnörkelige Hausrat, der die Stuben der Jahrhundertwende füllte, hat ästhetisch geklärtem Geschirr Platz gemacht; aber Altbauwohnungen sind Zuflucht vor der Kälte, Hinterhoffeste im Häusermeer versammeln die Enkel der Werkbundgründer, und Trödelläden sind der armselige Protest gegen die Welt des Designs. Die Träume haben die Träumenden eingeholt.

Das 19. Jahrhundert, das von den nazarenischen Entrückungen seines Anfangs bis zu den sezessionistischen Revolten seines Endes rehabilitiert ist, kehrt selbst in seinem düstersten Teil, den Mietskasernen von Berlin-Kreuzberg, in die deutsche Wirklichkeit zurück. Dies zählt zu den ungesehenen Aspekten der Vorgänge in den wilhelminischen Quartieren unserer Städte, die nur dort noch Gefühlswert besitzen, wo sie das steinerne Meer nicht verleugnen, dem die Rebellion der Großväter galt.

Tatsächlich sind die Städte unserer Gegenwart nach dem Biedermeier entstanden. Das mittelalterliche Deutschland hatte sich trotz der großen Stadtzerstörung des 19. Jahrhunderts hier und da erhalten, aber zusammen mit der barocken und klassizistischen Hinterlassenschaft ist es dann in wenig mehr als achtzehn Monaten in der letzten Phase des Krieges ausgelöscht worden. Was übrig blieb, war das Deutschland des 19. Jahrhunderts, das ja auch sonst – in den Büchern, die wir lesen, und den Schauspielen, die wir sehen – die Welt ist, in der sich das 20. Jahrhundert bewegt.

Das verachtete Jahrhundert, das Jahrhundert ohne Form, das Jahrhundert, das in seiner Stillosigkeit ästhetische Zuflucht in den fernsten Räumen und Zeiten suchte, gibt sich den Nachlebenden als eines der geschichtsträchtigsten Zeitalter zu erkennen, das an seinem Ausgang mit Marx, Freud, Schönberg und Einstein noch das Instrumentarium zur Verfügung stellt, mit dem es sich selber an sein Ende bringen wird.

In diesem Sinne wird uns die Zeit, die man in Deutschland die Wilhelminische Epoche nennt, bei jeder neuen Begegnung bedeutender. Gerade die Epoche des jungen Herrschers ist in viel höherem Maße als die vorausgegangene Bismarcks der eigentlich revolutionäre Abschnitt der neuen Zeit, – und zwar von den technischen Produktionsmethoden der Industrie bis zu den kapitalistischen Organisationsformen der Wirtschaft.

Selbst die Waffen des Krieges, in dem diese Welt untergehen wird, sind vom Flugzeug über den Tank bis zum Unterseeboot Erfindungen des ablaufenden Weltabschnitts, und noch der zweite Krieg wird mit der Vernichtungsapparatur ausgefochten, die vor dem ersten erfunden wurde. Die wirklich neuartigen Waffen, mit denen Deutschland den europäischen Krieg zu enden sucht und Amerika den pazifischen tatsächlich abschließt, markieren viel eher den Abschluß der Epoche der Weltkriege, als daß sie sie auf ihren Höhepunkt bringen.

In nahezu jedem Betracht werden in der Zeit Wilhelms II. die Tore in eine neue Ära aufgestoßen, und dies ist keine rückwärts gewandte Erkenntnis. Die unerhörte Modernität der Epoche ist vielmehr schon im ersten Jahrzehnt des neuen Jahrhundert sehr deutlich gesehen worden, und nur die Erschütterungen des unmittelbar folgenden Umsturzes haben den Eindruck aufkommen lassen, die zwanziger Jahre, die von der Kunst bis zur Physik fast überall nur frühe Tendenzen vollstreckten, hätten den eigentlichen Neuanfang gesetzt. In Wirklichkeit ist die Nachkriegszeit, verglichen mit dem revolutionären Elan jener zwei Jahrzehnte, die dem Krieg vorausgingen, kaum mehr als der Vollzugsbeamte der Geschichte gewesen.

Dies gilt auch für den Bereich der Architektur im engeren und den des Städtebaus im weiteren Sinne. Damit ist allerdings nicht der Jugendstil gemeint, dessen heutige Wiederentdeckung und Neubewertung seine Stellung zwischen den Zeitaltern verkennt. Er ist in derselben Weise wie seine gegenwärtige Renaissance eher ein Symptom der Krise als deren Auflösung. Zwischen Wien, München und Darmstadt hat der Jugendstil keines der Probleme der Epoche lösen können und die meisten Fragen nicht einmal gestellt. Gerade seine aufrichtigsten Anstrengungen – zum Beispiel die Darmstädter Mathildenhöhe – kamen nie ohne einen Einschlag ins Liebenswürdig-Großbürgerliche und zugleich Lebens-Reformerische aus.

Was ihn am Ende auch als Kunstwerk scheitern läßt, ist – wie jeder Blick auf ein Haus von Hubert Olbrich oder ein Zimmer von Henry van de Velde zeigt – die Unfähigkeit, seine zweidimensionale Ornamentik in den Raum zu überführen. So tritt in allen Architekturen des Jugendstils etwas Widernatürliches an, nämlich ein verzweifelter Widerspruch gegen die eigenen konstruktiven Grundlagen, deren strukturelle Elemente man durch Dekor zu kaschieren sucht. Das wird auf gewinnende Weise an den Metro-Eingängen in Paris ebenso deutlich wie an den Hochbahnstützen in Berlin, die ihre tragende Funktion schwächen, weil sie aufgenötigtem Stilwillen folgen müssen.

Deshalb hat der Jugendstil im eigentlichen Sinn, auch Außerdeutsches wie Antonio Gaudís Kirche ›Sagrada Familia‹ in Barcelona mitgerechnet, es denn auch nie zu einer neuen Raumerfindung, geschweige denn zu einem modernen Begriff von Stadt gebracht. Dies liegt nicht nur an seinem Mißverhältnis zur industriellen Produktionsweise, sondern auch und vor allem an seiner Ahnungslosigkeit, was die Ordnungsaufgaben des neuen Jahrhunderts anlangte.

In dieser Hinsicht war der Wilhelminismus, wo er auf seiner eigenen Höhe war – nämlich bei Ludwig Hoffmann, Alfred Messel, Bruno Taut, Peter Behrens oder Hermann Muthesius –, ihm weit voraus. Die scheinbare Renaissance des Jugendstils von heute hat denn auch nicht in den Grundrissen unserer Wohnungen oder auf den Plätzen unserer Städte, sondern in den Vitrinen der Sammler stattgefunden.

Ähnliches läßt sich vom Expressionismus sagen, dessen Wille

zur Monumentalität – so deutlich greifbar in Poelzigs Bismarck-Denkmal für Bingerbrück wie in Bruno Tauts Haus der Freundschaft für Konstantinopel, das Theodor Heuss zu Recht gewaltig und *gewalttätig* nannte – ihn als ein typisches Produkt der vormodernen Epoche ausweist. Wie auf dem Felde der Malerei liegen auch auf dem der Architektur die expressionistischen Triumphe in den Jahren vor dem Weltkrieg; über die ungebauten Träume des Festspielhauses und des Großen Glashauses ist die Bewegung aber im Grunde nie hinausgekommen. Als sie dann in der Republik scheinbar reussiert, stehen längst andere Dinge auf der Tagesordnung, und ihre Väter mußten sich anderem zuwenden, um ganz sie selbst zu werden.

Trotz Hans Poelzigs Großem Schauspielhaus und Erich Mendelsohns Einsteinturm bei Potsdam bleibt der gebaute Expressionismus ein Zwischenspiel und noch dazu eine deutsche Angelegenheit. Verglichen mit der konstruktiven und formalen Kühnheit wilhelminischer Reichs-, Handels- und Industriearchitektur, sind die Fluchtphänomene in der Architektur des Expressionismus nicht zu übersehen, weshalb denn Julius Posener völlig recht hat, wenn er ihn einen Ausflug ins Unwegsame nennt, »wie sie die erschreckte Seele unternimmt, wenn vor ihr Umrisse eines unentrinnbaren Schicksals auftauchen«.

So begann das neue Jahrhundert mit einer sonderbaren Verkehrung der Fronten. Die Revolte der Kunst gegen die Großmannssucht der Epoche endete bei Honoratioren-Villen, nationalen Monumenten und gläsernen Kathedralen, während der Wilhelminismus auf dem Wege zu seiner eigenen Modernität war. Die Poesie von Jugendstil und Expressionismus blieb eine folgenlose Geste, die Logik der Wirtschaftswelt aber machte die Produktions- und Handelsstätten des Kaiserreichs zur ersten Formulierung der Architektursprache, in der sich die neue Zeit ausdrükken wird. Die vorgehängten Glasfassaden der Warenhäuser von Messel und Sehring und die Trennung von *skin* und *skeleton*, von Raumhülle und tragendem Gerüst, in den Fabriken und Geschäftshäusern von Behrens oder Schmitz präsentieren sich in einem Avantgardismus, von dem sich die liebenswürdige Symbolik des Hochzeitsturms in Darmstadt nichts träumen läßt.

Die Architektur des 20. Jahrhunderts beginnt fast gleichzeitig mit diesem selber; der Sturz des Kaiserreichs muß nur noch einige Relikte beiseite räumen, die in der Form von Stil-Accessoires – dem gotischen Gekräusel auf der Wertheim-Fassade und der plastischen Zutat auf dem Eckrisalit von Tietz – die Radikalität des Neuen noch verbergen. Die dekorativen Konzessionen auf den Portalfronten der neuen Gebäude müssen nur wegfallen – auf den Hofseiten der AEG-Fabriken wie der meisten solcher Bauten sind sie es bereits –, und schon ist das Bauhaus da. Eben deshalb springt es nach der Revolution dann auch wie aus Athenas Haupt in die deutsche Wirklichkeit.

Die Jahrzehnte zwischen der Gründung und dem Untergang des Kaiserreichs sind lange als eine in sich geschlossene Epoche gesehen worden, was angesichts einer Dauer, die der von Weimar, Drittem Reich und Adenauer-Ära entspricht, einigermaßen überrascht. In Wirklichkeit hat die nachbiedermeierliche Welt der Einigungskriege wenig mit dem hochmodernen Imperialismus zu tun, über den der Adlerhelm Wilhelms gestülpt ist. Diese Verwandlung Deutschlands in der Epoche seiner beiden Herrscher – mit dem Hundert-Tage-Zwischenspiel des dritten – (in den Tagebüchern der Baronin Spitzemberg, den Romanen Fontanes und den Briefen Herbert von Bismarcks aufbewahrt) gibt dem Kaiserreich seine unerhörte Dynamik.

Sekurität bestimmt bestenfalls das bürgerliche Lebensgefühl, obwohl die Tatsache sonderbare Winke gibt, daß die Ehebruchs-Literatur der Epoche – von Flauberts ›Madame Bovary‹ über Fontanes ›Effi Briest‹ und Eca de Queirós' ›Vetter Basilio‹ bis hin zu Tolstois ›Anna Karenina‹ – mit nichts anderem befaßt ist als mit der Auflösung des familiären Zusammenhalts, nämlich mit der Brüchigkeit der bürgerlichen Ehe.

Tatsächlich erfährt der Modernisierungsprozeß während des in so vieler Hinsicht entscheidenden letzten Jahrzehnts vor dem Weltkrieg eine außerordentliche Beschleunigung, was für die industriellen, gesellschaftlichen und kulturellen Entwicklungen gleichermaßen gilt; nur die Politik bleibt weithin unbeweglich. Dieser Zwiespalt von Hochmodernem und Uraltem charakterisiert geradezu die Epoche, und das Nebeneinander von Großkonzernen und Kaisermanövern hat die Beunruhigung der westlichen Nachbarn des Reichs deutlich verstärkt. Eine Gesellschafts- und Geistesgeschichte des Kaiserreichs unter solchem Aspekt ist noch zu schreiben. Auf dem Felde des Bauens bringt sich die Modernisierungsenergie des Wilhelminismus in einer neuen Architektursprache zur Erscheinung, die kennzeichnenderweise in den Fabrikanlagen und Warenhäusern Berlins auf ihren Höhepunkt kommt.

Man hat in diesem Elan des Neuen zumeist den Widerspruch zum preußischen Gestus in der Architektur gesehen – Muthesius, Behrens und Mies van der Rohe als Abkehr von der Tradition des berlinischen Bauens. Dagegen steht jedoch nicht nur, daß gerade diese drei Architekten Verehrer von Gilly, Schinkel und Persius waren und daß man in der Neuen Nationalgalerie eine späte Evokation des Alten Museums sehen muß. Arthur Moeller van den Bruck, der die stets mißverstandene und mißbrauchte Wendung vom »Dritten Reich« prägte, hat hier schärfer gesehen. In seinem Buch ›Preußischer Stil‹ nimmt er die eigentliche Moderne ganz ungeniert für Preußen in Anspruch. Nach all den vergeblichen Versuchen, über Gotizismus und Renaissanceismus zu etwas Neuem zu gelangen, nach dem gewaltsamen Neobarock des Kaisers, wie er in den Skulpturen von Begas oder den Bauten seiner Lieblingsarchitekten Raschdorff und Ihne zum Ausdruck kam, habe der Genius des Ortes gerade da zu seinen Anfängen zurückgefunden.

In Grenanders Loewe-Fabrik in Moabit, Muthesius' Telefunkenstation Nauen, der Waggonfabrik von Behrens und dem Geschäftshaus in der Junkerstraße von Poelzig – alle am Ende des Kaiserreichs entstanden – spricht sich die rationalistische Zweckmäßigkeit der Epoche rein und unverfälscht aus, und nur wo dieser Stilwille sich herrschaftlichem Repräsentationsverlangen zuwendet – wie in Messels Museumsentwürfen und in Behrens' Petersburger Botschaft oder seinem Dahlemer Haus Wiegand –, kommt es zu einem etwas freudlosen Klassizismus, der schon die Schwierigkeiten signalisiert, die alles Bauen im neuen Jahrhundert mit staatlicher Selbstdarstellung haben wird.

Aber gerade in der Verlagerung der entscheidenden Bauaufgaben vom Staat zur Wirtschaft gibt das Reich des Industriekaisers sein eigentliches Gesicht zu erkennen; nach den Schlössern des 18. Jahrhunderts – Schönbrunn oder Sansscouci – kommen die Museen oder Theater des 19. – Altes Museum und Schauspielhaus –; dann bricht die Ära der Warenhäuser und Fabriken an. Das unterschiedliche Maß, in dem die Architekten den jeweiligen Anforderungen gewachsen sind, charakterisiert die Epoche.

Aufs Ganze gesehen, findet das Reich noch 1900 – im Unterschied zur Bismarckschen Gründerzeit – zu einem exakten Ausdruck seiner selbst, und es tut nichts zur Sache, daß der Herrscher, an Wallot, Raschdorff und Ihne orientiert, der Modernität seines eigenen Staates nicht gewachsen war. Für diese Formsprache ist die Wendung vom »industriebürgerlichen Reichsstil« gefunden worden, und damit ist auch schon gesagt, daß der wirtschaftliche und ästhetische Führungsanspruch lange vor Krieg und Revolution an andere Schichten übergegangen war. Der Kaiser selber, fasziniert von der unbegriffenen Modernität, scheint in den letzten Friedensjahren eine Ahnung davon gehabt zu haben, als er über den Dom und das Reichstagsgebäude zu spotten begann und die Gesellschaft Ballins der von Henkel-Donnersmarck vorzog.

Der Jugendstil war in vielerlei Hinsicht nicht nur eine Absage an den Stilverlust der Gründerzeit gewesen, sondern auch ein letzter Protest gegen die Massenfabrikation, und so lief denn seine formale Anstrengung auf eine Verweigerungsgeste hinaus. Der Wilhelminismus aber dachte – vom Flottenbau bis zur Zollpolitik – in *Handels*kategorien, und die wahren Kathedralen seiner Spätzeit sind denn auch Warenhäuser. Es kennzeichnet die historische und ästhetische Ahnungslosigkeit der Nachkriegszeit, daß man die Meisterwerke von Messel und Sehring abriß, die Banalität des barocken oder romanischen Historismus zwischen Dom und Gedächtniskirche aber rettete.

Eine Wirtschaftsgeschichte der Kunst an der Jahrhundertwende ist noch nicht geschrieben worden, aber jeder Blick auf die aristokratischen und großbürgerlichen Auftraggeber von Henry van de Velde oder William Morris macht deutlich, wie illusionär die Hoffnung auf eine Humanisierung der Arbeitswelt durch eine

Wiederbelebung des Handwerks war. Bruno Taut und Poelzig mußten ebenso von ihren expressionistischen Anfängen lassen wie Behrens von seinem handwerklichen Jugendstilbeginn, um für das Jahrhundert wichtig zu werden.

Der lebensreformerische Impuls der allgemeinen Aufbruchsstimmung um 1900 ist auch bei Behrens greifbar, wie er ja auch noch die Anfänge des Bauhauses prägte; aber nach dem Jahre 1907 wird die »Konzeption einer allgemeinen Geschmackskultur« nicht mehr gegen die Industrie gestellt. Die Maschine soll jetzt leisten, wozu ein heruntergekommenes Handwerk nicht mehr fähig sei: die Industrialisierung als sozialreformerische Chance und die Massenfabrikation als ästhetische Menschenerziehung.

Es sind diese Impulse, die tatsächlich die Hervorbringungen des 20. Jahrhunderts prägen, von den Fabrikationsstätten bis zur Fabrikationsware, zu Turbinenhallen und Ventilatoren, und die Enkel der Behrens-Schüler Walter Gropius, Ludwig Mies van der Rohe und Le Corbusier veränderten das Gesicht der Städte und der Wohnungen. Aber die sozialpädagogische Utopie, daß aus dieser Verbindung von produktionstechnischer Zweckmäßigkeit und ästhetischer Rationalität sowohl der Arbeiter als auch der Künstler aus seiner sozialen Isolierung befreit werden würde, ist sehr bald zuschanden geworden, und nach der Apokalypse des Ersten Weltkrieges redete selbst Behrens vorübergehend von einer Renaissance des Handwerks um der Gesellschaft willen. Aber die Humanisierungsträume des Industriebürgers wie des Bürgerhandwerkers waren gleicherweise ausgeträumt.

Der Weitergang der Dinge hat es mit sich gebracht, daß die antimodernen Kampfbünde jener Zeit vom Kreis um Schultze-Naumburg bis zum Fachverband für die wirtschaftlichen Interessen des Kunstgewerbes – gegen den der Werkbund gegründet wurde – nahezu ausschließlich unter der Perspektive von Restauration und Reaktion gesehen werden. Aber in diesem Zurückschrecken vor der Massenware spiegelte sich ja auch die Melancholie angesichts des endgültigen Abschieds von jener Handwerkskultur, die fünfhundert Jahre durchgehalten und den alten Kontinent bis in die Tiefe hinein geprägt hatte, und so bezieht der rückwärts gewandte und hoffnungslose Protest seine Würde aus dem Schmerz vor der Unwiederbringlichkeit des Gewesenen.

Im Kampf zwischen van de Veldes Kommerzienratssessel und Breuers Stahlrohrstuhl kommt eine Auseinandersetzung an ihr Ende, die Mitte des 18. Jahrhunderts auf der Grundlage von Fernhandel, Kreditwesen und Marktorientierung zwischen Zünften und privilegierten Hofhandwerkern begonnen und zu einem frühkapitalistischen Unternehmertum mit Serienfabrikation, Arbeitsteilung und Angebotskatalogen geführt hatte, gegen das die alten Zünfte auf lange Sicht ohne Chancen waren. Wer solche Interessenkonflikte in größere Zusammenhänge einordnet, sieht hier den Todeskampf von Produktions- und Lebensformen vorgebildet, die in der Geheimrats-Revolte des Jugendstils und dem Minnesang-Anachronismus der Handwerkskammern des Dritten Reiches noch einmal angehalten werden und inzwischen nur noch Erinnerung sind. Einzig im Eigenraps ländlicher Kommunen und der hilflosen Geste alternativer Töpfereien finden diese frühen Kämpfe einen späten Nachklang.

DRAHTLOSER ÜBERSEE VERKEHR

Die Moderne begann nicht in den legendären zwanziger Jahren, sondern im späten Kaiserreich. Die Funkstation in Nauen von Herrmann Muthesius ist im Geiste einer klassisch gezügelten Moderne gezeichnet.

Die »Kaiserpassage«, die zu den »Linden« führte, war Berlins Exempel für jene überdachten Passagen, wie sie im späten 19. Jahrhundert von Mailand bis London die Metropolen kennzeichnen. Doch während diese Architekturen sonst überall romantisch-historistisch konzipiert sind, will man in Berlin jene klassische Strenge, die Arthur Moeller von den Bruck zum »preußischen Stil« rechnete.

Das Kaufhaus Wertheim am Leipziger Platz war Alfred Messels Meisterwerk. Weit weniger beschädigt als das KaDeWe, wurde es nach dem Kriege abgerissen – niemand weiß mehr, warum.

Welt aus Wille und Vorstellung

Die Namen von Städten sind häufig mit Waren verbunden, die dort hergestellt oder vertrieben wurden. Der Name Pratos, des kleinen Städtchens im Arnotal unweit von Florenz, war für die ganze Renaissance untrennbar mit dem Herstellen von Geweben verknüpft. Heute, nach einem halben Jahrtausend, ist Prato noch immer das Zentrum der italienischen Tuchindustrie. Wie Olivetti oder Fiat ist der uralte Ort geradezu das Symbol einer neuen Dynamik Italiens, das England industriell schon überholt hat und dabei ist, neben Frankreich an die Spitze der europäischen Industrienationen zu treten.

Man könnte Prato eine anonyme Wirtschaftsmetropole nennen, denn sein Aufstieg, sein Glanz und wohl auch seine Macht ist nicht dem Erfolg eines Unternehmens – oder eines Unternehmers – zu verdanken; der Geist des Ortes selber ist produktiv geworden. Das Spinnen und Weben fand in jedem zweiten Haus Pratos statt, so daß Gewerbe und Gemeinwesen eins geworden waren. Sehr ähnlich war es in Manchester, das sich seit dem 17. Jahrhundert zum wichtigsten Wollplatz nördlich der Alpen entwickelte; die Wirtschaftshistoriker kennen weit über einhundert Betriebe, die mit der Fertigung jener leichten Tuche beschäftigt waren, mit denen England den Weltmarkt eroberte.

Es ließen sich noch Dutzende solcher Verbindungen zwischen einer Stadt und einer Ware aufzählen – von der kleinen Apenninstadt Faenza, von wo aus die Fayencen ihren Siegeszug antraten, bis zu den Damaszenerklingen aus Damaskus. Schon zur Zeit der Kreuzzüge stellten die Schmiede des islamischen Omaijadenreiches Schwerter und Säbel her, die äußerste Härte mit größter Biegsamkeit verbanden, unerreichbar für die abendländische Schmiedekunst.

Mit Siemens, Telefunken, AEG oder Borsig – vier Unternehmen, mit denen der Aufstieg Preußens zur Industriemacht verbunden ist – verhält es sich anders. Sie stehen nicht für das Ingenium eines Gemeinwesens, sondern für das unternehmerische Genie eines Einzelnen, während man von Prato oder Manchester, Damaskus oder Sheffield, dem Zentrum des britischen Silber-Handwerks, reden kann, ohne einen einzigen Namen zu nennen, weder den einer Werkstatt noch den eines Unternehmers.

Aber wenn man von der Stadt Augsburg spricht, steigen sofort die Namen der Fugger und der Welser auf, der Bankiers, Hüttenbetreiber und Großreeder mit Niederlassungen in Antwerpen und Lissabon, in Lyon und Sevilla, in Venezuela und in Haiti – denn diese beiden Familien waren die größten Handelsherren des damaligen Europa, noch weit vor den Medici, den Florentiner Großbankiers, die im 15. Jahrhundert denselben Weg vom Geldgeschäft über die Nobilitierung zur politischen Macht gingen. Um 1200 stand Florenz noch hinter Arezzo, Siena und sogar Pisa zurück. Es waren das Genie und die Tatkraft einer Familie, die Florenz zum Hauptort der Toscana machten.

Diese Individualisierung der unternehmerischen Leistung ist die moderne Entwicklung gewesen, die Europa in das Industriezeitalter geführt hat, und deshalb waren die Namen von Städten, Familien und Produkten in dem Jahrhundert zwischen 1850 und 1950 fast austauschbar geworden. Wäre ohne Gottlieb Daimler und Carl Benz aus der agrarischen Region im Südwesten jemals ein Modernisierungszentrum des gegenwärtigen Deutschland geworden? Ist es denkbar, daß ohne den einen Mann Carl Zeiss aus Jena jemals der Mittelpunkt der optisch-feinmechanischen Industrie geworden wäre?

Der Weg von der mittelalterlichen zur modernen Welt führt über die Freisetzung des Individuums – erst in religiöser und philosophischer Hinsicht, dann auf dem Felde der wissenschaftlichen Forschung und politischen Freiheit und schließlich auch des wirtschaftlichen Unternehmertums. So entsteht aus der Manufakturwelt des 18. Jahrhunderts die Industriegesellschaft des 19. Jahrhunderts, die heute bereits wieder durch neue Formen abgelöst wird.

Große Einzelne haben diese Epoche geprägt; so war es in der anonymen Zunftwelt des Mittelalters nicht und so wird es in der Konzernwelt der Zukunft nicht sein. In diesem Sinne steht Bismarck neben Planck, Ranke und Rathenau – eine Epoche von singulären Figuren, die sich ihre eigenen Welten erschaffen, in der Vorstellung die einen, in der Wirklichkeit die anderen.

Für eine ganze Zeitspanne waren Borsig und Berlin fast ein und dasselbe geworden, so wie zwei Generationen später nur noch Siemens und Berlin. Damit sind die beiden einschneidenden Etappen in der Industrialisierungs- und Sozialgeschichte Berlins genannt, der Maschinenbau und die Elektrotechnik. Es hat seine Vernunft, daß zwei Stadtteile Berlins nach diesen beiden Werken heißen – Borsigwalde und Siemensstadt.

Vorher ist Berlin königliche Residenzstadt mit ein bißchen Manufaktur. Die Quellen, aus denen sich Preußens Aufstieg speist, liegen außerhalb, in den rheinischen Provinzen oder in Gleiwitz in Schlesien, wohin Friedrich Wilhelm und Königin Luise am Ende des 18. Jahrhundert fahren, um die Eisengießereien zu besichtigen, die das Staunen Europas sind.

Unter anderem versteht man dort, einen filigranen Eisenschmuck von schmetterlingsflügelhafter Zartheit herzustellen, den nicht nur in Preußen Adel und Bürgertum plötzlich dem Gold und Silber vorziehen, sondern auch im Ausland; er wird ein Exportartikel erster Ordnung. England setzt alles daran, hinter das Geheimnis der preußischen Eisengießereien zu kommen. Aber obwohl man sonst unangefochten den europäischen Maschinenmarkt beherrscht, gibt man nach zehnjährigen Experimenten die Versuche auf, aus dem harten Material das zarte Gewebe herzustellen; die Flüsse des Eisens geraten plump, die Durchsichtigkeit des zum Teil aus haardünnem Eisendraht geflochtenen Schmucks läßt sich nicht erreichen.

Das ist der erste preußische Triumph auf dem Gebiet des Eisengusses, der dem nächsten Jahrhundert ein anderes Gesicht geben wird, von den eleganten Spreebrücken über die atemberaubenden Dachkonstruktionen von Kristallpalästen – die wir heute nur noch in Botanischen Gärten finden – bis zu den Bahnhofshallen, von denen aus eiserne Fahrzeuge über eiserne Straßen durch das Land fahren, das eben noch Goethe in hölzerner Postkutsche auf staubiger Landstraße durchquerte.

Man muß die Zeit im Auge behalten, als das begann. Es fällt ja immer schwer, sich bis ins Detail in vergangene Zeiten zu versetzen. Wie sah das biedermeierliche Berlin aus, in dem August Borsig 1837 mit fünfzig Arbeitern seine Eisengießerei und Maschinenfabrik draußen vor dem Oranienburger Tor gründete, wie jene Stadt, in der die beiden Rathenaus, Vater und Sohn, ihren weltumspannenden Konzern ins Leben riefen? Wie atemberaubend die Dynamik der Entwicklung war, wird erst deutlich, wenn man sich klarmacht, daß Borsig beim hundertsten Jubiläum seines Werkes mehr Arbeiter beschäftigte – nämlich zweiundzwanzigtausend – als Berlin an Einwohnern zählte, als der Kurfürst von Brandenburg sich im fernen Königsberg die Königskrone aufsetzte. Damals nämlich, am Anfang des 18. Jahrhunderts, hatte Berlin ganze neunzehntausendfünfhundert Einwohner.

Die königliche Residenzstadt und die kaiserliche Metropole, das Maschinenwerk der Borsigs, das Elektrizitätswerk der Familie Siemens und das Turbinenwerk der Allgemeinen Elektricitäts-Gesellschaft – all dies sind natürlich keine vergleichbaren Größen; doch geben die Namen einen gewissen Begriff von den Dimensionen der technischen Entwicklung. Kaum jemand macht sich ja klar, daß das Sozialprodukt, das Borsig sehr bald erwirtschaftete, beträchtlich über den Mitteln lag, die der Soldatenkönig in seine Langen Kerls investierte, und daß Siemens um die letzte Jahrhundertwende einen höheren Umsatz machte, als Friedrich dem Großen in seinem Staatshaushalt zur Verfügung stand. Der karge Flecken am Saum von Preußen war einer der großen Industriestandorte Europas geworden.

Nicht allzu lange nach der Gründung der Borsigschen Eisengießerei machte Theodor Fontane eine Herrenpartie, eine Dampferfahrt auf dem Tegeler See. Hinterher berichtete der Dichter, der damals noch nicht der Autor der großen Berliner Gesellschaftsromane war, sondern ein Verfasser von Balladen und Reiseberichten, seiner Frau Emilie über den Ausflug, der ihn zum erstenmal mit Bankiers und Unternehmern zusammengebracht hatte.

Besonders interessant scheint er einen Maschinenbauer gefunden haben, dessen Name noch kein rechter Begriff gewesen sein kann, denn Fontane erklärte seiner Frau jenen Reisebekannten, einen Herrn Borsig, nicht ganz zutreffend, aber sehr amüsant damit, daß der sozusagen Kollege und Konkurrent eines Herrn Krupp sei: Der eine stelle in Berlin jene Eisenplatten her, die der andere in Essen mit seinen Geschossen zu durchschlagen trachte. Fontane und Borsig – das ist durchaus keine absurde Verbindung. Fontane liebte ja den Umgang mit seinesgleichen nicht übermäßig, mit Literaten also und mit Intellektuellen. Große Chirurgen, scharfsinnige Advokaten, wirklich bedeutende Unternehmer fand er im privaten Umgang weitaus ergiebiger; er verstehe zwar nichts von deren Metier, aber er achte und bewundere wissenschaftlichen Geist und unternehmerische Leistung. »Ach«, schreibt er Emilie in solchem Zusammenhang einmal, »mit den auf ihre Weise Bedeutenden fährt man am Ende doch immer am besten.«

August Borsig, 1804, also im Zeitalter Goethes und Schillers, Beethovens und Caspar David Friedrichs, geboren, war groß geworden in der biedermeierlichen Welt, die uns in den Veduten Gärtners, Kloses und Hintzes bewahrt ist. Er war nicht nur im tatsächlichen, sondern auch im symbolischen Sinne der Zeitgenosse Bismarcks, der von der Wilhelmstraße aus noch über Äcker mit Rüben und Kartoffeln blickte. Der eine machte aus Preußen eine kleine Großmacht – oder, wie andere sagten, eine große Mittelmacht , nämlich das mächtige deutsche Kaiserreich, der andere verwandelte die Handwerker- und Manufakturstadt Berlin in die größte Industriemetropole zwischen Atlantik und Ural.

Ihre Leistung lief sozusagen auf parallelen Bahnen, ja die eine setzte die andere voraus. Womit sollte Moltke seine Armeen bewegen, wenn nicht auf Borsigs Eisenbahnen, wohin sollte Borsig seine Lokomotiven exportieren, wenn nicht in Bismarcks Zollverein? Und war nicht das Werk beider auf die Produkte der mehr als eintausend anderen Fabriken angewiesen, die in den siebziger Jahren in Berlin gegründet wurden? Bis zur Jahrhundertwende, also in nur einem weiteren Vierteljahrhundert, werden es zehntausend sein. Aber beide begriffen einander wenig – der ostelbische Junker und der Berliner Fabrikant aus Schlesien, der technischen Scharfsinn mit unternehmerischem Weitblick verband. Was der uralte Reichskanzler bei einer Fahrt durch den Hamburger Hafen mit seinen Ladekränen, Helligen und Lagerhäusern sagte, hätte er auch angesichts des Urwalds von dampfenden und rauchenden Schloten auf dem Borsigschen »Etablissement« oder den Siemens'schen Werkhallen mit ihren Gleisanschlüssen und Kaianlagen sagen können: »Das alles ist nicht mehr meine Welt«.

Es lag keineswegs in der Vernunft der Dinge, daß dieser Modernisierungsprozeß in Berlin vonstatten ging. Denn der Standort eines Industrieunternehmens setzt allem Anschein nach zwei Dinge voraus, Eisen und Energie, damals also Kohle. Berlin jedoch verfügte über keines von beiden, und alle Berliner Industriellen mußten Braunkohle aus Bitterfeld – dessen Reviere um 1840 gerade erschlossen worden waren – heranschaffen, um die Erze zu verarbeiten, die sie aus Oberschlesien bezogen.

Auch sonst besaß Berlin keine Ressourcen, die es zur Industriestadt prädestiniert hätten – alles mußte herbeigeschafft werden. Keine Wasserkraft gab es, um Mühlen zu betreiben; keine Kohle war da, um Dampfmaschinen zu heizen; nicht einmal jene Grundstoffe waren vorhanden, die die Königliche Manufaktur für die Herstellung von Porzellan benötigte, deren Blütezeit in diese Zeit fiel. Es gab keine Steine, um Häuser zu bauen; selbst die Erde fehlte, aus der man Ziegel hätte brennen können: Während die Stadt von fünfzigtausend auf hunderttausend Einwohner steigt und dann in immer schnelleren Sprüngen von einer halben Million auf eine Million, schaffen ganze Flotten von Havelkähnen das Baumaterial aus den Ziegeleien von Glindow für die aufsteigende Industriekapitale heran.

Nach menschlichem Ermessen hätte Berlin das Schicksal der anderen spätgeborenen Hauptstädte teilen müssen, St. Petersburg und Washington, mit denen man es schon des kolonialen Charakters der Gründung wegen so oft verglichen hat. Das waren und blieben Regierungs- und Verwaltungszentren ohne nennenswerte Industrie, weil es die Unternehmer an jene Orte zog, wo es Rohstoffe gab – also an den Ohio, in das Donezbecken oder eben an die Ruhr. Berlin aber zog sich an den eigenen Haaren aus der Armut seine Rüben-, Gerste- und Roggenwelt. Das verdankte es, von einer außerordentlich kompetenten Staatsbürokratie abgesehen, vor allem zwei Elementen: der Modernisierungsenergie seiner Unternehmer und einer hochqualifizierten Arbeiterschaft, die das eigentliche Kapital der Stadt ausmachte. Niemand hatte es ja Berlin an der Wiege gesungen, daß hier zwischen Haveldünen und Spreewaldsümpfen ein deutsches Pittsburgh entstehen würde. Deshalb sind die Familien der Unternehmer und die Heere der Arbeiter, die bald aus Schlesien, aus den Provinzen Posen, Ostpreußen und Westpreußen nach Berlin drängten, ein Exempel für diese Stadt, die von allem Anfang an gegen die Ungunst der Verhältnisse hochkam – ohne fruchtbare Erde, ohne Bodenschätze und ohne einen wirklich bedeutenden schiffbaren Strom, wie ihn Paris in der Seine und London in der Themse besitzt.

Alle wichtigen Straßen Preußens laufen in Ost-West-Richtung, von Aachen über Berlin nach Stettin und Breslau oder nach Danzig und Königsberg. Aber die Wasserwege verlaufen partout von Süden nach Norden – Elbe, Oder und Weichsel. Das ficht Berlin nicht an, kann seinen Unternehmungsgeist nicht zügeln. Wenn die Richtung der Flüsse nicht mit der Richtung der Warenströme – Korn oder Eisenerz oder Kohle – übereinstimmt, schafft man sich seine Wasserwege eben selber, nämlich jene Kanäle in ostwestlicher Richtung, die stets in künstliche Häfen münden. Bald liegen dort auch Berlins Fabriken.

London fällt alles sozusagen in den Schoß, erst der Ostseehandel, dann der Atlantikhandel; die breite Mündung der Themse ist geradezu ein Magnet für die Warenströme aus aller Welt. Berlin dagegen kommt immer wieder gegen die Verhältnisse hoch, es schafft sich selber aus Wille und Vorstellung, in der politischen Sphäre wie in der ökonomischen. Das Ingenium des Ortes, die Intelligenz der Techniker und die Effizienz der Arbeiter siegen über die Ressourcenlosigkeit und die Abgelegenheit des sandigen Bodens der Mark.

Übrigens hat man das Homunkulushafte Berlins sehr früh erkannt. Casanova wie Voltaire beschreiben das zugleich Kunstvolle und Künstliche einer Stadt, die nicht im Lauf der Jahrhunderte wächst, sondern sich selbst aus eigener Energie erschafft. Wilhelm Hausenstein, der Kunstkritiker, Kulturhistoriker und Diplomat, hat das zur Zeit der frühen Weimarer Republik einmal so formuliert: »Paris ist ein Garten, Brüssel blüht, Antwerpen wuchert – aber Berlin ist konstruiert. Die Stadt ist nicht geboren, sie hat sich selber fabriziert.« Das war – nicht ohne Animosität – von München her gesehen, also von einem Platz aus, dem die Wittelsbacher um der Schönheit willen die Industrialisierung verweigerten, die sie in Nürnberg angesiedelt sehen wollten. Aber war denn in Berlin nicht wirklich alles konstruiert – die schnurgeraden Chausseen durch das Stadtgebiet, die gewaltigen Industrie-Areale zwischen Hennigsdorf im Westen über Tegel und Moabit im Norden bis zum Müggelsee im Osten, und selbst die Alleen im Tiergarten, die keine gewundenen Wege waren wie in Münchens Englischem Garten, in Hamburgs Jenisch-Park oder Londons Hydepark?

In Berlin folgt tatsächlich alles streng geometrischen Mustern, Produkt eines Willens, der überall Form und Energie will – im Staatswesen, in der Verwaltung und in der Industrie. Was in Paris, London oder St. Petersburg die Landsitze und Stadtpalais' waren, stellten in Berlin die Villen der Fabrikanten, Kaufleute und Bankiers dar, die Wohnsitze der Borsig, Siemens, Rathenau, Mendelssohn oder Wertheim – jene oft noblen und mitunter übertrieben schloßartigen, selten aber protzigen Häuser zwischen Grunewald und Wannsee, denen nicht zuviel Spott gelten sollte, denn Berlin verdankt ihren Erbauern und Bewohnern seinen Aufstieg.

Es sind jene Familien, die das moderne Berlin in demselben Sinne geschaffen haben, in dem Beamtenschaft und Armee zwei Jahrhunderte zuvor aus dem brandenburgischen Flecken das preußische Berlin gemacht hatten. »Immerfort zu werden, niemals zu sein«, schrieb der Berliner Kulturhistoriker Karl Scheffler vor einem guten Dreivierteljahrhundert, nämlich 1910, sei Schicksal, aber auch Aufgabe, sogar Chance Berlins. Welche Generation von Berlinern hat das nicht erfahren – die Großväter 1870, die Väter 1918, die Söhne 1945.

In der Tat hat man mitunter den Eindruck, als sei der ständige Wandel das einzig Dauernde an Berlin, wo doch Paris und London im Zentrum der Stadt noch immer so aussehen, wie Balzac oder Thackeray sie beschrieben haben. Hier dagegen wird zwischen 1840 und 1870 das barocke und klassizizistische Berlin abgerissen. Was sollte eine Stadt, die zur Zeit Bismarcks alle zwei Jahre um so viele Einwohner wächst, wie sie zur Zeit Friedrichs überhaupt gehabt hat, auch mit der ländlichen Bebauung seiner Straßen und Plätze anfangen? Die Generation zwischen 1870 und 1900 erlebt dann die erneute Verwandlung der Stadt, Schinkels Palais am Brandenburger Tor muß dem Hotel Adlon weichen, die biedermeierliche Platzgestaltung des Leipziger Platzes macht Europas schönstem Kaufhaus Platz, dem Kaufhaus Wertheim von Alfred Messel.

So war es in Berlin überall, in der Industrie zuallererst, weil dort der Nutzen eines Gebäudes, seine Brauchbarkeit für Produktions- und Funktionsabläufe vor dem Dekorativen und Repräsentativen steht. Unaufhörlich erweitern Siemens, Rathenau und Borsig ihre Fabrikanlagen, reißen sie ab, bauen sie um. Das ist das industrielle Gesetz einer Innovation, die sich unablässig selbst verzehrt. Die aus dem Geist Schinkels kommenden Gebäude der Jahrhundertmitte, die wir heute auf den Bildern der Berliner Malerschule bewundern, sind schon am Ende des Jahrhunderts nicht mehr vorhanden, denn was eben noch unerhört modern war – Gehäuse des Fortschritts – ist jetzt schon Ballast, nämlich Beengung durch die Tradition. Das gilt überall für Bürogebäude wie für Werkhallen, für das berühmte Ullstein Druckhaus in Tempelhof wie für das legendäre Turbinenhaus der AEG in Moabit. Alle zwei bis drei Generationen erzwingen neue Formen des Produktionsprozesses neue Architekturen. Deshalb kann sich im Kampf der Konservatoren um Bewahrung des Alten auch Unverständnis für jenen Prozeß ständiger Erneuerung verbergen, der das Gesetz der Industrie ist.

Man hört bisweilen, nur in der Moderne liefe alles auf Unruhe und unablässigen Wechsel hinaus; früher sei die Beständigkeit das Gesetz des Lebens gewesen. Aber das sagt nur, wer die Produktionsprozesse und Absatzwege früherer Epochen nicht kennt. Es ist das alte Problem, vor dem schon die Fugger, die Welser und die Medici standen: unausgesetzt der Zwang, neue Verkehrswege zu Rohstoffgebieten oder Absatzmärkten zu erschließen, immer die Notwendigkeit, neue Materialien und Techniken für alte oder neue Aufgaben zu finden.

Europas Kerzenindustrie verdankt ihre Entstehung der Sperrung des östlichen Mittelmeeres durch die neuen islamischen Staaten im Mittleren Osten. In die westlichen Teile des Römischen Reiches kommt im 8. oder 9. Jahrhundert kein Öl mehr von den Oliven des Orients, mit dem man seit Jahrhunderten die Öllämpchen in den Kirchen der Christenheit speist. Da erfindet man sich die Wachskerze, und in Zukunft wird in der Hagia Sophia in Konstantinopel die Wachslampe brennen und im Petersdom in Rom die Kerze.

Das ist ein sehr banales und zugleich sehr feierliches Beispiel für die Herausforderungen, denen sich Werke und Städte seit je gegenübersehen. Das eine Handwerk überlebt, indem es Industrie wird; das andere stirbt, weil es am Althergebrachten festhält. Faenza sinkt zu einer Provinzstadt herab, denn man macht den Sprung von der Fayence-Werkstatt zur Porzellan-Manufaktur nicht mit; Prato wird zum Motor der italienischen Dynamisierung und hat an Exportkraft längst Manchester hinter sich gelassen.

Die Aufgaben, denen sich Berlin gegenwärtig gegenübersieht, sind vergleichbarer Art. Die äußere Bedrohung ist geschwunden, aber erst langsam tritt in das allgemeine Bewußtsein, in welchem Maße sich die innere Lage der Stadt verändert hat. Nicht nur, daß jene Welt verloren ist, die Berlin über ein dreiviertel Jahrtausend hinweg in die Mitte des deutschen Siedlungsgebietes rückte, weshalb man jetzt erst lernen muß, sich als Grenzstadt zu begreifen. Fünfhundert Kilometer waren es einst von Berlin bis zum Memelland; jetzt trennen die Stadt ganze sechsundfünfzig Kilometer von der slawischen Welt, und das Hinterland, aus dem Berlin seine Kraft bezog, ist unwiederbringlich verloren.

Ebenso einschneidend wird sein, daß Berlin sich nicht mehr auf jenes wirtschaftliche Fundament verlassen kann, das die alte Reichshauptstadt so lange trug. Die eigentlich moderne Eisenindustrie, die mit dem Eisenbahnbau heraufkam und Werke wie Borsig zu den Pionieren der Zukunft machte, hat sich aus der Stadt während der Dauer ihrer Insellage zurückgezogen, sofern sie den Wandel von der Eisenbahn über das Automobil zum Flugzeug überhaupt überlebte.

Als Lenin nach der Revolution das Sowjetsystem als »Sozialismus plus Elektrifizierung« bezeichnete, folgte er – mit dem Abstand einiger Jahrhunderte – lediglich dem europäischen Weg. Wie von Berlin aus der Eisenbahnbau in den Osten getragen worden war, erst nach Rumänien und dann nach Rußland selber, so wurde diese Welt später zu einem Kolonialgebiet für Berlins Elektrifizierungs-Industrie; Siemens und die AEG waren die Vorreiter einer Expansion, die von Berlin aus Mitteleuropa erfaßte.

Wer aber wollte sagen, daß Berlin innerhalb dessen, was man »Zukunftsindustrie« nennt, heute noch jene Bedeutung besäße. Alles, oder doch fast alles, was hier ins kommende Jahrhundert weist, ist im Süden und Südwesten Deutschlands angesiedelt, und die Stadt, die jahrzehntelang ihre Mühe daran setzte, die untergehenden Industrien des Eisenzeitalters zu retten, muß mit aller Kraft nachzuholen suchen, was man an anderer Stelle vorexerzierte.

Das sind die inneren Schwierigkeiten, vor die sich die Stadt gestellt sieht, und erst die Aufhebung der Teilung hat ihre wirkliche Gefährdung offenbargemacht. Erneut muß sich Berlin auf seine eigentlichen Kraftquellen besinnen, muß sich noch einmal eine Welt aus Willen und Vorstellung schaffen, wie in jenen Zeiten, da es sich in seiner Rüben- und Kartoffelwelt zum Modernisierungszentrum erst Preußens, dann Deutschlands und schließlich Mitteleuropas machte: Land ohne Bodenschätze und fern aller wirklich bedeutenden Verkehrswege und Handelsstraßen.

Noch einmal müssen der Elan seines politischen Willens und das Ingenium seiner Bevölkerung über die Ungunst der Verhältnisse triumphieren.

Moskau hat das Gesicht Deutschlands gewaltsam nach Westen gedreht

Die Herausforderung, der sich Berlin nach der Wiederherstellung Deutschlands gegenübersieht, ist grundsätzlich anders als alle Veränderungen seiner Lage, mit denen sich die Stadt bisher in der Geschichte konfrontiert sah. Der Dreißigjährige Krieg hatte zwar Brandenburg verwüstet wie kein anderes deutsches Territorium; es blieb doch Brandenburg. Seine Städte waren niedergebrannt, die Einwohnerschaft dezimiert, in einigen Teilen des Landes hatte nur ein Drittel der Bevölkerung den Krieg – der die Frist einer ganzen Generation gedauert hatte – überlebt; aber der Boden war geblieben, und als man Frieden machte, war alles fast wie zuvor.

Aus Bauernland war Gutsland geworden, denn die Felder waren über weite Strecken menschenleer, und in die freien Räume drängte der Adel. Überliefert ist die Weisung des Landesherrn an den Schulzen von Schmargendorf, der Nachbargemeinde Wilmersdorf einen Bauern zu überstellen; nur Greise, Kinder und Frauen hatten dort die letzte Brandschatzung überlebt, und so sah es in vielen Dörfern aus.

Fährt man heute durch die alte Mark, so fällt auf den ersten Blick in die Augen, daß nicht nur vierzig Jahre des Sozialismus dieses Land von Niedersachsen oder Hessen unterscheiden. Seit Jahrhunderten schon fehlen die weitläufigen Gehöfte, die Dithmarschen, Westfalen oder Bayern ausmachen. Katen sind es mehr als Höfe, die das Land zwischen Neuruppin und Havelberg bestimmen, weshalb denn dem Adel in der Mark eine Rolle zukam, die er im anderen Deutschland selten gehabt hat. Auch das klang in dem Wort »Ostelbien« mit, das achtungsvoll und geringschätzig zugleich gemeint war. Die Bauernkultur Brandenburgs wurde nach dem Dreißigjährigen Krieg niemals wieder hergestellt, und insofern haben die Ereignisse, die mit Namen wie Tilly, Gustav Adolf und Wallenstein verbunden sind, Preußen und Brandenburg über die Jahrhunderte geprägt.

Sonst aber vollzog sich der wirtschaftliche Aufstieg an der Wende zum neuen Jahrhundert schnell. Ziemlich genau fünfzig Jahre dauert es nach den Verwüstungen der vorausgegangenen Epoche, bis das Kurfürstentum wieder auf die Beine kommt; anders als zuvor wird Brandenburg, aber nicht geringer. Im Grunde entsteht erst danach aus der Mark das alte Brandenburg, dann das junge Preußen, und mit dem Großen Kurfürst und dem großen König betritt das Land die europäische Bühne.

Nicht nur, daß jetzt, an der Wende des 17. zum 18. Jahrhundert, im Abstand weniger Jahrzehnte Leuthen auf Fehrbellin folgt; dann kommt auch schon Belle Alliance, die europäische Entscheidungsschlacht. Berlin hatte Jahrhunderte hindurch am Rand der Geschichte gestanden, so daß man sich wundert, daß der Kaiser aus Prag, Karl IV., tatsächlich in Havelberg der Mark eine Visite machte und daß Peter der Große in dem kleinen Caputh sich mit dem Kurfürsten traf - man kann noch heute das Haus besichtigen, wo die beiden Herrscher, der des riesigen Rußland und der des geringen Brandenburg, ihre Interessen absteckten. Nach Friedrich dem Großen nehmen die Dinge dann wirklich eine Wendung ins Große, erst in der Epoche Napoleons und später zur Zeit Bismarcks, aber hinterher weiß man nicht, ob das ein Glück war. Berlin ist selber eine Stadt der Geschichte geworden, während sich doch vorher Geschichte an ihm bestenfalls vollzog.

Berlin war für die Hohenzollern immer das Zentrum der deutschen Dinge gewesen, weshalb man im 17. Jahrhundert von der »Mitte der Monarchie« sprach, wenn man auf den Oderdeichen stand. Weiter ging es von da eher nach Memel als nach Aachen, und Tilsit lag dem Herzen näher als Kleve. Jetzt aber, zum ersten Mal in seiner Geschichte, ist Berlin Grenzstadt, so nahe an der slawischen Welt wie Bonn an der romanischen. Jenseits der Oder, sechsundfünfzig Kilometer von den letzten Häusern der Stadt, beginnt unabsehbar die slawische Welt.

Aber empfindet der Westen den Verlust, weiß er, was da verloren ging? Längst hat man es sich in den Weinländern des Westens und Südens ja heimisch gemacht. Der Streit um die Hauptstadt, den man außerhalb Deutschlands gar nicht verstand, in Paris so wenig wie in Moskau, hat vor Augen geführt, wie sehr die Deutschen sich als Teil des Westens empfinden. Wäre es nach den beiden großen Parteien gegangen, dann wäre die Kleinstadt am Rhein für alle Zeiten Deutschlands Mittelpunkt geblieben.

Doch war es nicht immer so? Was jenseits der Elbe im Osten lag, war einem am Rhein und Donau ja immer fremd gewesen; Weichsel und Nogat lagen einem im Grunde so fern wie der Bug. Gleichwohl soll man gerecht sein und die Dinge auch in umgekehrter Perspektive sehen: Hatte denn einer in der Prignitz Verwandte an der Lahn, und ist vor der Epoche des Tourismus einer vom Müggelsee zum Bodensee gefahren?

Westdeutschland und Ostdeutschland waren stets verschiedene Welten, lange bevor es den Sozialismus gab. Es hatte schon seinen Sinn, wenn man danach von den drei Zonen sprach, in die Deutschland eingeteilt sei – dem Weinland im Westen, dem Bierland in der Mitte und dem Schnapsland im Osten; jenseits der deutschen Grenzen kam dann in Polen wie in Rußland der Wodka. Auch mit seinem eigenen Boden war das Land, das so viele Gegensätze in sich vereinigte – Kurisches Haff und Loreley-Felsen, Riesengebirge und Emsland – , in seinen Provinzen jenseits von Oder und Weichsel ein Teil der osteuropäischen Welt, und es fühlte sich so. Hier sangen die Schnitter andere Lieder als die Bauern am Rhein, wenn diese überhaupt sangen, denn man singt nicht, wenn man allein für sich seinem Tagwerk nachgeht. Die polnischen Landarbeiter, die zur Ernte kamen, waren von den ostpreußischen Instleuten fast nicht zu unterscheiden, nur daß sie gewissenhafter den Arbeitsrhythmus einhielten, schon weil die heimische Not sie dazu zwang.

Die Teilhabe Deutschlands am Osten ist verlorengegangen und wird nie wiedergewonnen werden. Auch das zählt zu den Verlusten, die mit der Abtrennung der Provinzen im Osten verbunden waren. Das Land hat damit mehr verloren als die Wälder, Felder und Seen des Riesengebirges oder Masurens. Denn aus dem Osten kam nicht nur das ostpreußische Korn und die schlesische

Kohle; Deutschland hatte durch seinen eigenen Osten an der östlichen Welt auch in seelischer Hinsicht teil, an Religiösität, Mentalität und Lebensgefühl.

Einst hatte man die Mystik aus den Klöstern des alten Karolingerlandes von der Schlesiens geschieden, die im ›Cherubinischen Wandersmann‹ des Breslauer Mystikers Johann Scheffler, genannt Angelus Silesius, Gestalt annahm. Nun, an der Wende zum 20. Jahrhundert, unterschied Hofmannsthal die östliche von der westlichen Romantik, die heitere Lyrik Brentanos von der Todessehnsucht Hardenbergs, der sich Novalis nannte. Nie hätte man an den Rebenhängen der Mosel ›Hymnen an die Nacht‹ gedichtet; das war die andere Welt der märkischen Dichter. Es gibt eine Poesie, die nur zwischen Rüben und Kartoffeln gedeiht.

Die Krautjunker waren die eine Seite Ostelbiens, die Offiziere der Garderegimenter und der Linie, die Preußen in eine Kaserne verwandelten. Aber es gab auch Gutsherren wie Rahel Varnhagens Marwitz, die in den Häusern jüdischer Bankierstöchter verkehrten, und mit Prinz Louis Ferdinand dem Königshaus angehörten. Das war der Salon in Bruch, wo sich der märkische Adel einer dunklen Sehnsucht hingab, von der er selber nicht zu sagen wußte, wem dieses Sehnen eigentlich galt.

In Königsberg in der Neumark saßen die Humboldts, bevor sie geadelt wurden, in Kunersdorf die Pfuels. Achim von Arnim stammte aus Wiepersdorf und Friedrich de la Motte-Fouqué aus Nennhausen, während die Schwerins, deren Bibliothek weithin berühmt war, gleich jenseits der Oder saßen, in dem alten Gutshaus Tamsel. Alle aber kamen sie aus der Mark, die eine der spätesten, aber kostbarsten Provinzen des deutschen Geistes ist. Brandenburg schlug nicht nur die Schlachten der Kurfürsten und der Könige, sondern ritt ein Jahrhundert lang auch in der Philosophie und in der Poesie an der Tête.

Aber die deutsche Dichtung jenseits der Oder war nicht nur eine nach Osten versetzte Dichtung des Westens, wie es etwa bei Thomas Mann gar nicht unterscheidbar ist, ob er die ›Buddenbrocks‹ zum wesentlichen Teil in Palestrina und den ›Zauberberg‹ in München schrieb. Die Dichter Brandenburgs, Ostpreußens und Schlesiens waren östliche Dichter, und das eigentlich

Staunenswerte ist, daß dies über Nacht so gänzlich in Vergessenheit geraten konnte. Selbst die Sprachmelodie des Landes ist versunken, die ostpreußische wie die schlesische; niemand hört es mehr, keiner kann es mehr sprechen.

Wer kann Max Halbe noch spielen und wer Hermann Sudermann sprechen? Die Theater haben ja schon Mühe, wenn sie die Besetzung für Hauptmanns ›Weber‹ oder ›Rose Bernd‹ zusammensuchen. Vieles ist unspielbar geworden, weil eine Sprachfärbung, die ein dreiviertel Jahrtausend überdauerte, nicht das halbe Jahrhundert der Trennung vom angestammten Boden überlebte.

Deutschland ist mit dem letzten Krieg tatsächlich ein paar hundert Kilometer nach Westen versetzt worden. Der schwermütige Reiz des östlichen Landes, in den man sich so schwer hineinfindet und dem man sich dann kaum wieder entziehen kann, ist fern und fremd geworden. War es das, was Churchill meinte, als er Stalin im Winter 1942, eine »Westverschiebung« Deutschlands vorschlug, woran man ursprünglich im Kreml gar nicht gedacht hatte?

Doch verloren ist auch, was hinter dem deutschen Osten lag und neben Bedrohung stets auch Verlockung bedeutet hatte. Immer, schon zu Zeiten Tolstois und Dostojewskis, hatte Rußland die deutsche Seele zu gewinnen gesucht, und nach der Revolution schickte man aus Moskau Emissäre des neuen Glaubens in die deutschen Städte. Damals, 1920, kamen Radek und seine Freunde und suchten den anderen großen Verlierer des Weltkrieges für die gemeinsame Sache zu begeistern. Stammte denn die Idee der Weltrevolution nicht aus deutschen Professorenstuben?

Nach diesem Kriege wollte man Deutschlands Provinzen, nicht seine Seele, und doch muß sich erst zeigen, wer den größeren Verlust daraus hat. Deutschland, weil es nicht mehr den Osten besitzt, oder Rußland, weil im Westen nun kaum noch jemand verlangend nach Osten blickt? Stalin hat das Gesicht Deutschlands gewaltsam nach Westen gedreht, was niemals mehr rückgängig gemacht werden kann.

Europa hat den Vorteil davon, denn nun fühlt sich das rätselhafte Land in seiner Mitte zum ersten Mal rückhaltlos an den Westen gebunden. Seit jeher stand Deutschland zwischen Paris und Petersburg, und es gab Zeiten genug, da es sich mehr zu den Russen als zu den Franzosen gezogen fühlte. Immer wieder hat Rußland Preußen gerettet, obschon durchaus nicht immer im eigenen Sinn, und ohne den rechtzeitig auf den Thron gekommenen Zaren Peter III. wäre Friedrich wohl kaum mit heiler Haut aus dem Siebenjährigen Krieg gekommen. Einige Jahrzehnte darauf traf sich Alexander I. auf einem Floß in der Memel mit Napoleon, und nur auf Bitten des Zaren ließ der Korse das Königreich Preußen bestehen, wenn auch lediglich in seinen östlichen Provinzen. Verdankte nicht auch Bismarck seinen Petersburger Verbindungen die siegreichen Kriege gegen Österreich und Frankreich, als Deutschland einen günstigen Moment nutzte, sich zum Reich zusammenzuschließen? Rußland blieb das stets geheimnisvolle, stets unheimliche Land im Osten, und das Heilsversprechen des »Dritten Rom« bewährte sich auch damals wieder.

Durch die Revolution der Bolschewiki war Rußland später noch einmal die Quelle aller Verheißung. Voller Angst, aber auch voller Sehnsucht blickte die westliche Welt auf die Stadt der tausend Zwiebeltürme. Gestern war sie der Mittelpunkt des Johanneischen Christentums gewesen; nun wurde sie zum Zentrum ganz anderer Verkündigungen, an die man jedoch nicht weniger inbrünstig glaubte. Pilgern gleich zogen die Gläubigen aus Europa und Amerika in das Mekka der Weltrevolution. Zehn Jahre nach dem Sturm auf den Winterpalast schrieb Stalin einen Wettbewerb für den »Palast der Sowjets« aus, und mitten in der Zeit der großen Säuberungen – die Hälfte der alten Genossen Lenins war schon hingerichtet, die anderen, Radek, Bucharin und Sinowjew, sollten kurz darauf vor dem Peloton stehen – folgten alle dem Ruf aus dem Kreml, Le Corbusier und Perret, Gropius und Mendelsohn. Mehr als fünfzig Begründer der Moderne kamen in das Reich eines Mannes, der längst nur noch Schrecken verbreitete. Es ist der Glaube, der die Wirklichkeit bestimmt, nicht das Wissen und seine Tatsachen.

All das ist Geschichte; nicht nur die Gefahr, die davon ausging, gehört der Vergangenheit an. Denn was den Osten heute erschüttert, ist weit mehr als eine wirtschaftliche Krise, von der man sich wieder erholen könnte. Der Osten hat sein Drohendes, aber auch seine Verlockung verloren, und es ist schwer denkbar, daß er je wieder jene Macht gewinnt, die er über die Gemüter des Westens besaß und die unheimlicher noch als seine Waffen war. Der Osten wird der Westen sein, oder er wird gar nichts sein. Das Erstaunlichste ist, daß er auch gar nichts anderes sein will. Der Traum von der großen Alternative ist ausgeträumt, in Europa wie in Rußland.

Nun möchte Warschau ein zweites Paris sein, und Budapest hat den Ehrgeiz, möglichst bald ununterscheidbar von Wien zu werden. Aber auch in Kiew und in Minsk, in der Ukraine und in Weißrußland und im unabsehbaren Rußland selber steht es nicht viel anders. Die Städte legen die fremden Namen ab, die ihnen aufgezwungen worden waren; mehr und mehr blättert die sowjetische Tünche ab. Dem Apostel, dem sie ihren Namen verdankt, fühlt sich die Stadt an der Newa jetzt wieder enger verbunden als dem Stifter der verblaßten neuen Religion, und es ist nur eine Frage der Zeit, bis das Jahrhundert der Irrungen und Wirrungen kaum mehr als ein düsterer Schatten sein wird. Aber auch das Zarenreich, von dem Solschenizyn mitunter zu träumen scheint, besitzt keine Anziehungskraft mehr; New York und Paris sind die Städte, die bei Umfragen genannt werden, wenn man von Orten des Verlangens spricht.

Die atlantische Weltzivilisation, die den Westen Europas seit langem in der Tiefe formte, hat nun auch vom Osten Besitz ergriffen. Am Ende dieses Jahrhunderts der Weltbürgerkriege öffnet sich dort eine Landschaft, die von vertrauten Sehnsüchten erfüllt ist. Wie der Jeans-Shop längst im Schatten der Zwiebeltürme Platz gefunden hat, so steht man in Kiew vor McDonalds an. Warum ist das Auge beleidigt, wenn es in Weimar Pizzerien sieht und in Potsdam Burger King? Es könnte sein, daß sich darin mehr von der Zukunft zu erkennen gibt als in den Abkommen zur Raketenbegrenzung und den Stationierungsregeln für Panzerverbände, die von den Großmächten ausgehandelt werden.

All das bestimmt die neue Lage Berlins, Deutschlands und Europas. Die Sorgen des Tages, von denen die zusammenwachsende Stadt jetzt bedrängt wird, sind demgegenüber nicht mehr als Gekräusel auf dem Fluß der Zeiten.

Die Dachsilhouette des Potsdamer Stadtschlosses, 1950 photographiert.

Abbildungen

Ursula Ebell-Schwager: 34/5
Manfred Hamm: 159, 160, 161
Wolfgang Haut: 121 (o)
Barbara Klemm: 32/3, 37, 38/9, 40/1, 42/3, 44/5, 121 (u)
Wolf Jobst Siedler jr.: 154/5, 158
Bernd Wendland: Umschlag, 2/3, 64/5, 68/9, 70/1, 76, 77, 79, 214/5
Ullstein Bilderdienst: 101, 108, 153, 182, 186/7
Landesbildstelle Berlin: 78, 98, 99, 100, 102/103, 104, 106, 107, 109, 110, 116/7, 118 (o + u), 119 (o + u) 120 (o + u), 165, 166, 167 (o + u), 168/9
Bildarchiv Preußischer Kulturbesitz: 61, 62/3, 67, 72/3
Archiv für Kunst und Geschichte: 96/7, 112/3
Meßbildarchiv: 105, 106
Landesarchiv Berlin: 111, 114 (o + u), 115 (o + u)

Die Aufnahmen aus dem kriegszerstörten Potsdam verdanken Autor und Verlag Bernd Wendland, der sie 1950 als Schüler gemacht hat. Neben den genannten Bildarchiven schuldet der Band Hans J. Reichhardt und Wilhelm v. Boddien viel für die Zusammenstellung seltener Bilddokumente.

Die Deutsche Bibliothek-CIP-Einheitsaufnahme

Siedler, Wolf Jobst:
Abschied von Preußen/Wolf Jobst Siedler. –
1. Aufl. – Berlin: Siedler, 1991
ISBN 3-88680-419-4

Der Siedler Verlag ist ein gemeinsames Unternehmen der Verlagsgruppe Bertelsmann und von Wolf Jobst Siedler

Gestaltung: Brigitte und Hans Peter Willberg, Eppstein
Satz: Bongé + Partner, Berlin
Reproduktion: Rembert Faesser, Berlin
Druck: Hellmich, Berlin
Buchbinder: Lüderitz & Bauer, Berlin
Printed in Germany 1991, ISBN 3-88680-419-4, Erste Auflage